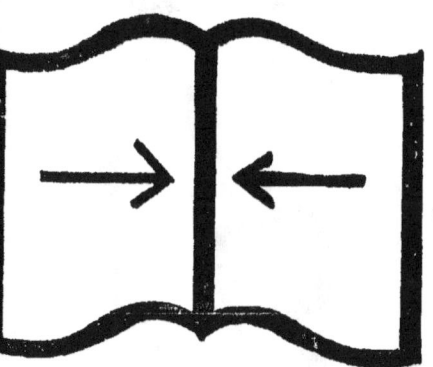

RELIURE SERREE
Absence de marges
intérieures

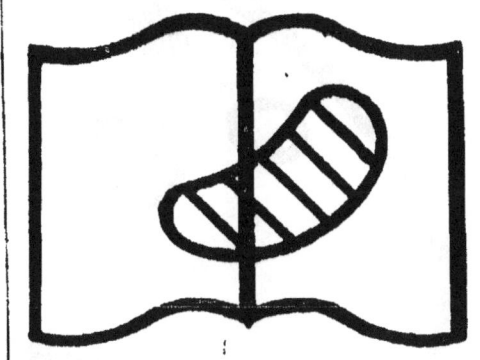

Illisibilité partielle

VALABLE POUR TOUT OU PARTIE
DU DOCUMENT REPRODUIT

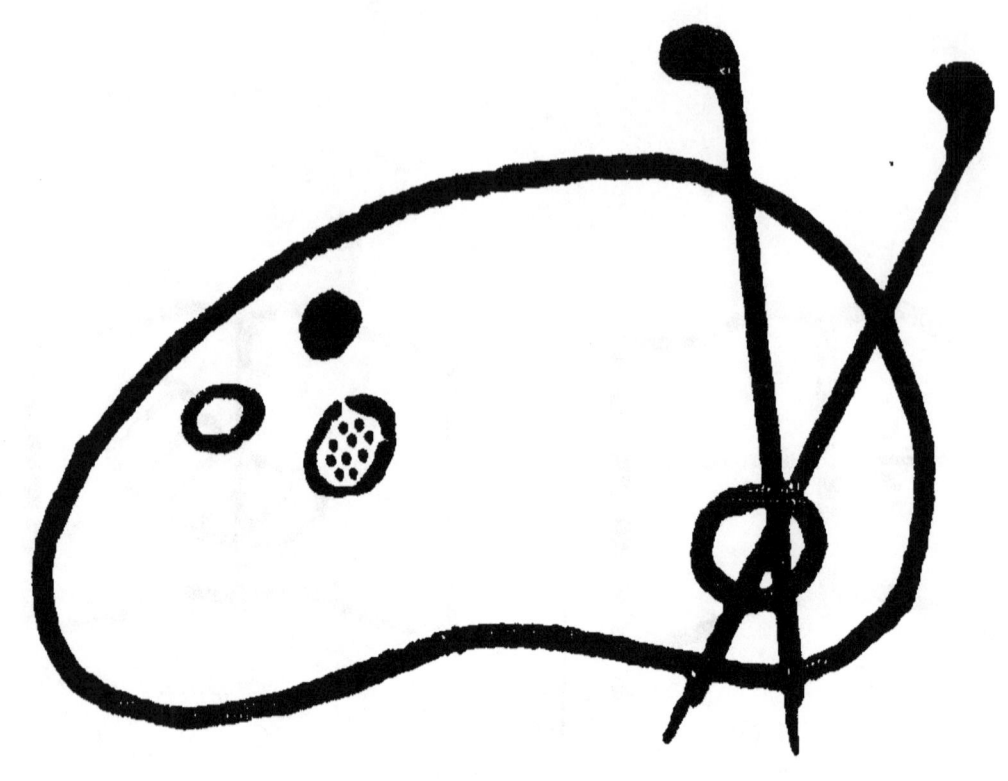

Couvertures supérieure et inférieure en couleur

AU HAREM

NOTES, CROQUIS, SOUVENIRS, IMPRESSIONS

PAR

Émile DESCHAMPS

EX-CHARGÉ DE MISSIONS SCIENTIFIQUES

Avec deux compositions de L. TENAILLE

PARIS

SOCIÉTÉ LIBRE D'ÉDITION DES GENS DE LETTRES

SOCIÉTÉ LIBRE D'ÉDITION DES GENS DE LETTRES

Collection in-18 Jésus à 3 fr. 50 le volume

COMTE PAUL D'ARBES
Un de nous, roman contemporain .... 1 vol

ALFRED BONSERGENT
Myosotis, roman .... 1 —

CHARLES BUET
Grands hommes en robe de chambre . 1 —

LOUIS LALVINHAC (député)
Vers la justice .... 1 —

NONCE CASANOVA
Le Choc, roman contemporain .... 1 —

JEAN DALVY
La belle Préfète, roman (4ᵉ édition) .... 1 —
Folie de haine, roman (3ᵉ édition) .... 1 —

ÉMILE DESCHAMPS
Au Harem .... 1 —

HENRI DATIN
Maîtresse et femme, roman .... 1 —

LOUIS DÉTANG
Le roman d'un étudiant .... 1 —

MAX DUFORT
Un mensonge, roman 1 —

CHARLES ÉPRY
Fantoches ! Fantoches, roman moderne . 1 —

LÉON HERBEYRE
Le Gendre du Président, roman .... 1 —
J'aime ma femme, roman (couverture illustrée de G. Courtenay) .... 1 —

JEANNE FRANCE
La baronne de l'angle, roman (3ᵉ édition) .... 1 —

JEANNE FRANCE ET CAROLUS D'HARRANS
Duchesse, rom. (2ᵉ éd.) 1 —

PAUL GEORGES
Mater Gloriosa, roman (couverture illustrée) .... 1 —

JULES JEANNIN
Contes des champs et des bois .... 1 —

JICK
Quand le ... est joué, roman satirique, illustré .... 1 —

PAUL JOUE
Un vicaire ..., roman contemporain .... 1 —

HENRY L'HUILLIER
La grande nuit, nouvelles .... 1 —

HENRI RAY
La Pâture (couverture illustrée G. Staal) .... 1 —

GEORGES RENARD
Critique de combat . 1 —

LOUIS ROGUELIN
Jacques Moreau, mœurs de province (préface d'Émile Faguet) (2ᵉ mille) .... 1 —

JACQUES SAUTAREL
Amants en révolte, roman .... 1 —

MAURICE DE SOUILLAC
La Générale, roman . 1 —

LOUIS DE SOHDAK
Emmanuel de Gaillée, roman .... 1 —

MARCELLE VERMONT
Pédaleuse, roman (couverture illustrée) (3ᵉ éd.) 1 —

Vannes. — Imprimerie Lafolye, 2, place des Lices.

AU HAREM

DU MÊME AUTEUR :

A la Société d'éditions scientifiques, 4 rue Antoine-Dubois

Carnet d'un voyageur. — **Au pays des Veddas.** — Ceylan, 500 p. avec 116 fig. et 2 cartes. (Dessins de l'auteur d'après ses croquis et photographies). Ouvrage honoré de souscriptions des Ministères de l'Instruction publique et du Commerce.

POUR PARAITRE EN 1897

Chez Hachette et Cº

Carnet d'un voyageur. — **Au pays d'Aphrodite.** — Chypre, avec illust. et cartes.

EN PRÉPARATION :

Manuel pratique et théorique du voyageur et du touriste. *(Illust.)*

La Grève d'un Sexe, par George N. Miller *(Traduction).*

CARNET D'UN VOYAGEUR

AU HAREM

NOTES, CROQUIS, SOUVENIRS, IMPRESSIONS

PAR

ÉMILE DESCHAMPS

EX-CHARGÉ DE MISSIONS SCIENTIFIQUES

Avec deux compositions de L. TENAILLE

PARIS

SOCIÉTÉ LIBRE D'ÉDITION DES GENS DE LETTRES

13, Rue d'Ulm

1897

A la mémoire

de mon ami JEAN-MARIE CALAC

Je dédie ces pages écrites loin de lui.

EMILE DESCHAMPS.

AU LECTEUR

Un livre semblable ne demande pas de préface. Notes jetées au courant de la plume, souvenirs de lointain exil, impressions de voyages anciens, voilà seulement ce que sont ces pages. Si j'ai ouvert ici le feuillet des intimes communications ce n'est que pour faire aveu de bonne foi, de sincérité et d'exactitude dans le fond de ces chapitres qui tous, sauf le tour romantique d'un ou deux, ont été absolument *vécus*.

E. D.

AU HAREM

Nous sommes dans le Bosphore, au déclin d'une belle et lumineuse journée d'automne.

L'admirable détroit, tout bordé de jardins luxuriants, de petites et mystérieuses demeures qui disparaissent en partie dans la verdure, de villages irréguliers s'allongeant tout au bord, de charmantes constructions turques impénétrables derrière des murs aveugles ou percés de fenêtres et de balcons grillagés, de collines fluxueuses sur le sommet desquelles se distinguent, de loin en loin, les ruines de quelque vieux château, de kiosques légers comme des joujoux, de palais d'albâtre qui scintillent comme de féeriques tableaux, de coupoles blanches, de mosquées solitaires, de forêts de cyprès, d'élégantes villas, de hauts minarets, se présente alors dans toute la magnifique splendeur de ses teintes, au milieu de la lumière diffuse du soleil qui disparaît au loin dans un vaste éventail de pourpre.

Baignant ses pieds dans l'eau unie comme une glace où il se mire, s'étendant d'un côté le long de jardins sombres qui ne laissent apercevoir, du dehors, que quelques coins jaunes d'allées sablées; de l'autre, attenant à une haute et étroite terrasse à rampe de fer qui plonge directement dans l'eau diaprée et retient un élégant *caïque*[1], s'étend le konak du vieux pacha Djéhil, légèrement isolé le long de la côte merveilleuse d'Europe, entre une mosquée éclatante de blancheur et une double rangée de vieux sycomores. Derrière, la colline se développe, retenant accrochée à ses flancs toute une myriade de petites constructions claires.

Un peu plus loin, dans une entaille de la rive, se voient quelques étroits escaliers de marbre en partie cachés par la verdure qui arrive jusqu'à la mer, et un autre léger, mince caïque, tout blanc et or, dont les petites sculptures reluisent comme des pierres précieuses sous les dernières lueurs du soleil couchant.

Le konak est un long et vieux bâtiment rectangulaire, sans forme définie, qui s'ouvre,

---

[1] Barque turque, longue et élancée.

du côté du Bosphore, par un large escalier à colonnettes du marbre,—l'entrée du *Salamlik* ou appartement du pacha, — avec trois ou quatre pavillons sur les côtés, et de petites cours aux murs couverts de lierre et autres plantes grimpantes, percés de rares fenêtres extérieures presque toutes dissimulées derrière d'insondables treillis de bois peint.

Passons rapidement par la grande salle de réception à balcons vitrés comme les *miradores* des maisons espagnoles. Elle est garnie de vastes sofas bordés de coussins et recouverts de moquettes rouges et bleues de Smyrne ; le plancher se cache sous de fines nattes aux dessins bizarres et d'épais tapis de Perse aux couleurs sombres ; de petites tables rondes en bois noir plaquées de nacre et d'argent sont disposées çà et là, supportant des aiguières et des *narghilés* ; enfin les murs disparaissent en partie derrière des tentures lourdes de Damas et le plafond s'aperçoit comme formé de poutrelles peintes et curieusement sculptées. Elle est divisée, des deux côtés, par des colonnes couvertes de bas-reliefs, parmi lesquels on peut distinguer les enchevêtrements de versets du Livre Saint disposés en arabesques qui montent jusqu'au plafond, au milieu de guirlandes de feuillage.

Plus loin, des séries de petites chambres, grandes comme des niches, ouvrant par des portes également sculptées, des galeries sombres, de petits coins aménagés pour la calme causerie ou la rêverie, faiblement éclairés par de hautes et étroites fenêtres, toujours dans le même style, avec des tables ressemblant à des jouets d'enfant garnies de plateaux et d'amphores finement ciselées, de portières de soie, de larges divans, de coussins multicolores, de tapis moelleux, de narghilés de cristal oubliés là, sur le sol, par le dernier fumeur, le tout se confondant déjà dans la demi-obscurité du crépuscule...

Et, dans l'air, un parfum d'ambre, de musc et d'encens, quelque chose à la fois de doux et de capiteux.

Tout y était silencieux et calme. Le soleil venait de disparaître à l'horizon, et l'on entendait, comme dans un profond lointain, les dernières notes de l'appel aigu, sonore, prophétique du *Muezzin* appelant les fidèles à la prière, dans une inflexion solennelle et plaintive qui résonnait tristement comme un glas funèbre dans la tranquillité des appartements de la demeure turque. La lumière, qui venait des fenêtres en partie couvertes de panneaux de fins treillis, tamisait à travers de légères courtines de tulle coloré et arrivait menue, comme pulvérisée : un jour de couvent ou d'église traversant des vitraux, doux et languissant, portant à la mélancolie, à la méditation ou à la prière.

Personne ; de temps en temps un esclave passe comme une ombre, traverse une galerie, silencieux et léger comme un animal nocturne, se glisse comme un serpent, sans déceler sa présence par le moindre bruit.

Cependant au fond d'un long couloir obscur, tout au bout des appartements, une petite lumière qui se meut un instant comme une étoile filante vient d'apparaître et demeure aussitôt suspendue, répandant autour d'elle un peu plus de clarté que ces grosses lucioles d'Amérique, mais une clarté pâle, qu'adoucit une mignonne boule de verre dépoli. L'esclave qui l'a apportée a poussé devant lui une porte invisible derrière une tenture qui ouvre sur le harem, et, une main sur la poitrine, la tête un peu basse, il pénètre dans le sanctuaire de son seigneur et maître.

Ici c'est un enchantement pour la vue, pour l'ouïe et pour l'odorat. Le long des parois d'une chambre moyenne sont deux corps de larges divans recouverts de draperies fines ; aux murs pendent de belles tentures de satin bleu piquées d'étoiles d'or et d'argent et de longs *tchibouques* aux extrémités d'ambre arrondies ; à terre, des tapis épais, des ottomanes garnies de brocart, de petites tables miniatures, des brûle-parfums fouillés dans l'or, des amphores, des glaces et des vêtements de soie jetés dans les coins, à côté de vases de fleurs, et, au milieu, un bassin de marbre blanc sculpté plein d'une eau cristalline et odorante alimentée par un jet d'eau qui susurre une chanson suave. Ici, sur un divan, un cachemire ; là, sur une table, un *khandjar* orné de brillants et de rubis ; partout des coussins aux brillantes couleurs : le vert, le rouge, le bleu, l'or, l'argent se confondent et se mélangent comme dans une féerique vision. Enfin il tombe d'en haut une lumière azurée comme un jour céleste ; on sent dans l'air des effluves embaumées ; tous les sens sont pénétrés à la fois par un charme qui étonne, captive, alourdit ; tout respire la mollesse et parle d'amour.

Le bruit léger de la soie remuée qu'a fait la porte en s'ouvrant a seul rompu le silence.

Cependant, sur l'un des divans, allongée dans une pose nonchalante et abandonnée, appuyée partie sur la tenture bleue, partie sur un riche coussin, une main au front, l'autre

Elle est pâle, avec de grands yeux noirs... (p. 17).

perdue dans les plis d'un grand voile de tulle rose, une jeune femme regarde à terre s'envoler les dernières volutes d'une vapeur parfumée qui s'échappe d'un brûloir en cuivre ciselé

Elle est pâle, avec de grands yeux noirs ovales comme des amandes, une petite bouche rouge comme une cerise, une mouche au coin de la lèvre; le visage est d'une régularité de miniature, empreint d'une mélancolique tristesse. Il y a, dans son attitude, de l'ennui et de l'attente; dans sa jeunesse, de l'enfant et de la femme. L'une de ses longues tresses, d'un noir de jais, sort d'une étoffe de soie froissée, un vêtement sur lequel elle s'est couchée sans soin.

Par dessous le voile de tulle rose qui enveloppe son buste comme d'un brouillard, laissant libre son cou long et flexible, on aperçoit distinctement une petite tunique à manches étroites, échancrée devant pour laisser voir une peau blanche comme le lait, serrée à la ceinture par un cordon. Puis une jupe de soie rouge, — quelque chose de drapé curieusement, dont les plis, par paquets, montent et descendent, — laisse à découvert un pied nu dans une babouche dorée à pointe relevée, trop grande, qui pend et se balance sur le bord du divan.

... Les spirales parfumées ne montent plus dans l'air ; lentement la belle *hanoum* se soulève sur une main, regarde autour d'elle et aperçoit l'esclave que l'immobilité et la couleur noire du visage rendent presque invisible sur la tenture vert sombre de l'entrée, dans le jour laiteux de la chambre.

Elle paraît ennuyée, ses yeux se sont baissés comme si elle craignait d'y laisser deviner une pensée ou comme s'ils venaient d'apercevoir quelque objet désagréable ; mais elle fait un léger signe de tête et l'homme disparaît, sans un mot, sans bruit comme il était venu.

Maintenant elle se lève, rajuste sa pantoufle qui était tombée dans un mouvement d'impatience, rejette derrière elle sa longue tresse noire d'un geste fatigué, et, s'allongeant sur une ottomane, elle choisit, dans une boîte d'écaille ouverte, une fine cigarette qu'elle allume, en reprenant sa position nonchalante sur le divan. Mais le blond *yénidjé*, dont elle suit un moment les capricieuses fumées odorantes, n'a pas le don de calmer son impatience, car elle se soulève, abandonne la cigarette dans une coupe de métal repoussé, près d'elle, et appelle, en se jetant de nouveau sur sa couche :

— Aïcha ?

Une lourde portière de cachemire frémit et donne passage à une jeune *djarieh*, fille d'honneur du harem, qui s'avance en glissant avec une grâce féline.

Aïcha était vêtue, à peu de chose près, comme sa maîtresse, mais un large et gracieux pantalon de soie rose serré au bas, apparaissait sous une robe violet-clair plus courte. Elle était plus petite, blanche, avec de grands yeux, un petit nez mutin, une mine enfantine et espiègle et toute ronde, pouponne. Ses cheveux, aussi noirs que l'aile du corbeau, tombaient derrière elle en une seule et longue tresse, et elle portait, coquettement posée sur sa tête, une mignonne toque de velours rouge à gland d'or : un vrai jouet de vieux pacha.

— J'ai entendu la douce voix de ma gracieuse maîtresse Fatima » dit-elle en venant prendre place sur un escabeau aux pieds de la hanoum, « désire-t-elle avoir ma compagnie ? »

— Ne dis pas « maîtresse », Aïcha, tu es ma confidente, tu le sais, ma consolation, mon âme. Tu es ma providence, le soleil de mes sombres journées, et sans toi je vivrais sans espoir. Comme la mauvaise herbe fauchée qui repousse plus vigoureuse et plus épaisse que jamais, ainsi renaissent les tristes pensées que je chasse. Mais toi seule as le secret de les éloigner par ta présence ; reste donc auprès de moi, que je sache ce que tu as appris aujourd'hui de nouveau. Sais-tu si le fils du vieil Ibrahim a enfin épousé celle que son père voulait lui donner, la fille d'un ancien Vali de Syrie ?

— La fille de l'ancien Vali de Syrie n'épousera pas le fils du vieil avare ; son père a mieux que cela à prétendre et il fonde les plus hautes espérances sur elle : il voudrait se rapprocher du Palais. Mais sais-tu que ton amie de Thérapia, Djebr hanoum, veut déjà divorcer ? Oui…, on a dit que son mari l'avait maltraitée, qu'elle a déjà adressé sa requête au tribunal, et que, si son affaire n'est pas terminée sans retard, elle ira voir le Vizir et même se jeter aux pieds du Sultan. D'ailleurs elle ne pouvait pas s'accorder avec les deux autres femmes de son maître qui lui refuse, au surplus, une maison séparée. Oh ! encore…… le voisin, de l'autre côté de la mosquée, a séduit une jeune fille des environs, qui, depuis, fait un bruit d'enfer, parce qu'elle ne savait pas qu'il eût déjà quatre femmes, et elle sera obligée d'attendre qu'il en perde ou en répudie une pour le forcer à l'épouser, — à moins qu'elle ne consente à entrer au harem comme odalisque, ce qui est possible, mais ce que je ne lui envie pas. Ah !... et puis..., on a vu Soffieh hanoum entrer dans un magasin franc de Péra à deux heures, et en ressortir à quatre. Comme ma belle maîtresse le pense, il y a scandale........

— Bah ! qu'elle y reste toujours, et je ne crois pas que son *Effendi* l'aille chercher, » dit Fatima qui, depuis que son amie parlait, bâillait, tordait ses bras au-dessus de sa tête ou jouait, accroupie, avec les pouces mignons de ses petits pieds blancs enfouis sous la soie de la robe comme deux colombes dans un nid de plumes. « C'est curieux, reprit-elle, comme tu ne m'intéresses pas, ce soir, Aïcha. »

— Oui, maîtresse, bientôt je t'intéresserai au plus au point », répondit Aïcha finement, en jetant un coup d'œil de méfiance sur la tenture verte qui masquait la porte d'entrée, et en portant un doigt à sa bouche, dans l'attitude qui commande le silence.

— Je l'espère », dit Fatima, avec un soupir et un regard qui montraient qu'elle avait compris, et, pareille à une chatte nonchalante qui se dérange à regrets, elle se leva, secoua les pans de sa robe pour en rajuster les plis, et se dirigea vers un petit bahut qu'elle ouvrit pour en retirer un délicat objet d'ivoire.

— Vraiment, Aïcha, je trouve le temps très long, ce soir, continua-t-elle ; il y a bien du temps que l'appel à la prière a été crié, car j'ai entendu le muezzin avant que je ne t'appelle. »

Et, tout en parlant, droite devant une glace, un petit pinceau à la main, elle étendait sous ses longs cils et aux angles de ses grands yeux une teinture moins noire que le jais de ses cheveux.

— Crois-tu que le pacha soit revenu de la mosquée ?... Ahmed était là, il n'y a qu'un instant... Exécrable Ahmed, » poursuivit-elle sourdement en s'arrêtant dans sa délicate opération et en jetant un regard d'effroi vers l'entrée, cauchemar de mes meilleurs moments... si rares !... Poison de mes heures d'espérance !... Chacun a sa destinée, a dit Mohammed, et la mienne est de souffrir ! Aïcha ? reprit-elle, tous haut, « pourquoi ne me parles-tu pas ?

— Le vautour, pour descendre du haut des nues et fondre sur la pauvre colombe, attend le moment propice. Pourquoi tourmentes-tu ces yeux qu'envierait le Padishah lui-même ? Viens ici et écoute ».

Fatima rejeta dans le bahut l'objet qu'elle tenait dans sa petite main effilée, et, après un dernier regard plein de grâce coquette lancé à la glace en se retournant, elle regagna sa place devant la djarieh. Elle avait pris, en passant, un élégant éventail à manche sculpté, à bordure de plumes d'autruche, et elle s'éventait avec lenteur, tout en regardant encore la tapisserie par où l'eunuque était sorti, comme si elle eût craint de le voir de nouveau apparaître.

— Aïcha, je crois que l'heure a sonné », dit-elle, en frappant trois coups dans ses mains pour appeler. Personne n'ayant répondu, la djarieh se dirigea vers la tenture de la porte, écouta, regarda, et dit en revenant près de sa maîtresse :

— Tu as dit la vérité ; la hyène noire est allée vers son maître, mais parlons bas : j'ai des nouvelles ... Tu sais que je suis sortie aujourd'hui ; Siffeh hanoum m'avait fait demander de l'accompagner parce que sa djarieh favorite était malade, et nous sommes allées jusque derrière la petite mosquée nouvelle, au konak d'Emin bey. Il y avait, au harem, beaucoup de visites ; tu sais, la grande Fathma qui s'est fait faire des cartes de visite. . . . dont on a parlé comme d'un scandale ; puis les femmes de Mahmoud Pacha avec des *iachmaks* si transparents qu'on leur voyait tout le visage, et qu'il aurait valu autant n'en pas mettre.... Ne t'impatiente pas, j'y viens....; l'une d'elles, l'ancienne odalisque qui s'est fait épouser, avait un costume entièrement frank sous son *feredjé*.... une honte, a-t-on dit ; enfin, j'ai pu voir, au jardin du harem, Sarah la petite esclave aussi noire que dévouée d'Emin. Elle avait au doigt un brin de fil d'or.... l'espérance, qu'elle m'a remis. Puis elle m'a dit que son maître était plongé dans la tristesse ; qu'on ne le voyait plus aux réceptions de son père le pacha ; qu'il n'avait plus, dans le cœur, qu'un amour, au bord des lèvres, qu'un nom : Fatima ; qu'il passait ses journées dans les kiosques solitaires du jardin, à composer des poésies — tu sais qu'il est expert à faire des *gazels* — qu'il chante ensuite dans le silence de la solitude. Il n'ose essayer de faire parvenir un message, dont la rigueur de l'ennuque Ahmed empêcherait peut-être l'arrivée en compromettant l'avenir ; enfin, il demande un moyen de se jeter aux pieds de son amante bien-aimée et de lui dire que, dans le désert aride et desséché de son existence, elle est l'oasis vers lequel tendent tous ses rêves..... »

Tandis que la djarieh parlait, le beau visage de Fatima avait passé par toutes les phases de la joie, et, un moment, ses yeux baissés vers le sol, le rouge avait envahi la blancheur de ses joues,— tel un lever d'aurore boréale sur un champ de neige des régions polaires. Elle laissait parler sa confidente sans l'interrompre, bercée par l'harmonieuse mélodie de ses paroles qui lui donnaient la certitude d'un amour souhaité, et l'espérance partagée de voir un jour le soleil se lever radieux sur l'obscurité de son existence actuelle.

Mais soudain elle a fait un mouvement brusque qui a interrompu Aïcha; elle est devenue pâle et ses yeux, qui regardaient, peut-être, dans ses propres pensées, ne voient pas sans terreur la tenture verte légèrement agitée. Il lui semble avoir aperçu, dans un angle des plis de l'étoffe, comme la lueur jaune d'un œil de fauve ; elle croit avoir entendu un léger frôlement, comme un glissement de serpent dans la soie, et son effroi est tel que le petit nid à fossettes de sa main blanche et potelée tremble, sur le froissement de sa robe de soie rouge, comme la feuille de l'arbre sous la caresse de la brise.

— Ma noble maîtresse, » dit Aïcha en se levant, sans hâte, pour se diriger vers la porte,

« tu oublies de demander à Ahmed les ordres du seigneur Pacha qui doit être revenu de la prière. » Et, écartant la tenture, elle alla entr'ouvrir la porte du couloir qui conduisait au Salamlik; mais elle ne vit rien, dans le boyau obscur, que la lumière douce du petit globe suspendu qui jetait, autour de lui, un jour laiteux de nébuleuse. Elle écouta : partout le silence, ce silence d'église particulier à la maison musulmane qui oblige à parler bas comme dans un sanctuaire et à marcher sur la pointe du pied ainsi que dans une chambre de malade endormi.

Elle referma la porte sans bruit, regarda à droite et à gauche avec des yeux inquisiteurs, tira la tenture pour lui faire masquer l'entrée aussi complètement que possible et rentra dans la chambre.

— Le « surveillant du lis » n'est pas revenu encore, dit-elle, et en vérité, Fatima, tu t'alarmes bien vite. Le corbeau aux yeux de lynx est resté près de son maître; puisse-t-il y demeurer toujours, et entrer, de là, dans la demeure des démons.

— Qu'Allah t'entende, » répondit Fatima revenue un peu de sa frayeur, en joignant ses deux petites mains au-dessus de sa tête, « et que les entrailles qui ont porté l'arap Ahmed soient maudites. Aïcha, continue ; ce que tu m'as dit d'Emin a rempli mon cœur d'espoir ; j'ai senti les ténèbres de mon âme percées comme par un rayon divin, et j'ai été envahie par une douce émotion, comme bercée par une musique céleste.

— Que je finisse vite, noble Fatima, » interrompit Aïcha ; « ce que je t'ai annoncé n'est pas tout ce que la petite esclave noire d'Emin m'a dit. Elle a ajouté que son maître se refusait absolument à épouser la deuxième fille du pacha de Bagdad, qui est revenu à Stamboul avec tout son harem, et qu'il attendait patiemment que la volonté d'Allah s'accomplisse, ainsi que la prédiction de la bohémienne. Tu sais que la vieille et sainte folle lui a prédit qu'un jour il arracherait, de l'antre du vieux loup, la brebis égarée et gémissante. Mais il faut, Fatima, que la brebis l'aide de tous ses efforts ; il y a longtemps que Djéhil te néglige et tu n'ignores pas que c'est là une raison suffisante pour faire rompre le lien qui t'attache à lui. Agissons donc prudemment; Ahmed ne te quitte pas, et, si un mot venait à son oreille, les portes du harem te seraient peut-être fermées à jamais.

— Oui, Aïcha, tu as raison, mon existence

ne peut durer ainsi : la favorite, cette ancienne djarieh déjà dix fois achetée et vendue avant d'être ici, ne cesse de me montrer sa haine ; je sens ses sarcasmes dans ses bonnes paroles, son ironique mépris dans ses yeux faux qu'elle allonge à la teinture d'une façon ridicule, et je ne sais pourquoi il me semble qu'elle cherchera à se venger de moi, de ma beauté qu'elle reconnaît supérieure à la sienne. Et pourtant elle est la favorite, et moi l'on m'ignore. Mais ne crois pas que je m'en plaigne... Enfin tout, ici, respire la trahison. Femme, je suis abandonnée par le maître et guettée par l'esclave, par son œil ardent d'eunuque infâme qui ne me quitte jamais, qui me poursuit jusque dans mon sommeil, et que j'ai cru encore voir là, tout à l'heure, dans les plis de la tenture. Si je sors, que je veuille aller dans les magasins de Péra, — tu sais que j'aime à voir ces curieux costumes que portent les femmes de France, — il ne manque pas une fois de me rappeler la loi qui m'interdit de m'éloigner de près la porte, d'où il surveille tous mes mouvements; le vendredi, à la promenade, il semble près de moi, hors même de mon carrosse, un fauve attaché à sa proie. Ici comme au jardin, dont cependant il a fait encore rehausser les murs, aux fêtes de la mosquée comme aux pèlerinages que nous faisons chaque semaine, au cimetière comme à la salle des danses et au bain même, je vois son immonde silhouette, sa face molle et ses yeux ignobles qui lancent sur moi, sans interruption, les éclairs de ses désirs impuissants.

Tu sais tout cela, Aïcha, cependant je ne puis m'empêcher d'y penser et de le répéter; mais ce que tu ne peux comprendre c'est ce que je souffre.

— Tes maux auront un terme, ma gracieuse Fatima, dit Aïcha, et bientôt, je l'espère, je te verrai l'heureuse femme d'Emin. Mais, je le répète, il faut de la prudence. Ahmed va venir reprendre son inflexible sentinelle, et je m'étonne même de ne l'avoir pas encore vu. Il est l'heure d'aller au bain car tu n'as pas oublié que c'est aujourd'hui ton tour. Viens donc que je répande les parfums délicats sur ton beau corps de houri et nous continuerons, si nous le pouvons, à causer de ce qui t'est cher.

Aïcha n'avait pas fini de parler qu'un bruit léger se fit entendre et la tenture écartée laissa voir l'ombre d'Ahmed l'eunuque.

— Mon maître vénéré, dit-il d'une voix que l'on aurait pris pour une voix de femme, avec un accent de colère concentrée, envoie son salut à Fatima hanoum et il espère que la nuit lui apportera d'heureux songes.

Ahmed, le fez rouge sur la tête, était grand et vêtu d'une espèce de longue houppelande noire qui tombait sur un large pantalon de coupe européenne. Autant que le permettait la douceur de la lumière azurée qui éclairait à peine la chambre de Fatima, on pouvait voir son visage noir, épais, glabre, mou, sans âge comme sans sexe, sur lequel ses yeux seuls se détachaient nettement, méchants et sévères, — des yeux de bête nocturne.

Fatima et Aïcha s'étaient levées : la première avait rejeté sur le divan, d'un geste d'ennui, en lançant un regard haineux sur l'eunuque, l'éventail de plumes d'autruche qu'elle tenait encore, et la seconde allait ouvrir le bahut pour prendre les essences destinées au bain de sa maîtresse, quand la voix d'Ahmed, qui était resté immobile à sa place et semblait avoir pris une grande décision, se fit entendre de nouveau.

— Restez, hanoums ! moi aussi j'ai à parler.

Les deux amies étaient restées comme pétrifiées ; l'aspect bestial qu'avait pris subitement la figure du terrible gardien du harem avait comme amolli leurs jambes, et elles re-

Restez, hanoums ! moi aussi j'ai à parler. (p. 30).

tombèrent, silencieuses, chacune sur son siège.

— Ah! Fatima hanoum, continua l'eunuque, il paraît que tu aimes le bel Emin qui ne pense qu'à toi et fait des poésies qu'il chante aux bosquets solitaires; ah! il attend une occasion pour te voir et t'adresser de bons conseils qu'il t'envoie, pour le moment, par sa petite esclave Sarah et ta djarieh! Je le tiens, enfin, ce secret que je voyais, depuis longtemps, briller dans tes yeux de gazelle! La « hyène noire » a entendu, djarieh, quel bon messager d'amour tu fais; mais elle attendra encore pour te faire infliger le châtiment que tu mérites. Oui, hanoum! oui, tu as raison d'avoir peur de « l'exécrable arap » Ahmed, le « cauchemar de tes meilleurs moments », le « poison de tes heures d'espérance », et jamais ta bouche n'avait dit une telle vérité : « que les entrailles qui l'ont porté soient maudites »; maudite sa naissance, et maudite sa vie! Car tu ne sais pas quel est mon supplice continuel, ici. Eh bien! oui, je parlerai, et qu'Allah clément me juge si je manque à ses saintes prescriptions! »

Au fur et à mesure qu'il parlait, la figure de l'eunuque avait pris une expression de douloureux dégoût; ses yeux, dont le blanc se détachait sur sa peau noire comme une hermine sur une table d'ébène, terribles d'abord de rage farouche, n'exprimaient plus que la souffrance. Il continua :

— Veux-tu, incomparable sultane, que le vil et abject eunuque t'ouvre son âme tout entière pour une fois? Veux-tu qu'il te montre tout ce qu'il y a de sentiments soulevés, comme les vagues sous un vent de tempête, derrière cette étoffe d'être humain avorté que tu méprises et que tu hais? Mais le comprendras-tu? Croiras-tu que l'immonde serpent promu à la garde d'un paradis puisse souffrir de la continuelle et impuissante contemplation de ses beautés et de ses jouissances? Oui, il n'y a pas, dans tout le *djéhenem*[1], ô Allah! de torture semblable à celle que j'endure! Sentir toutes ses forces, ses aspirations, ses sentiments, ses ardeurs comprimés dans un cercle que nulle force humaine ne saurait rompre! Faire partie de l'humanité et n'en être qu'un état intermédiaire, quelque chose comme ces larves immondes qui ne sont ni ver ni insecte! Vivre avec la honte perpétuelle au front, et au cœur cet éternel tourment d'avoir sous les yeux l'image même de la félicité dont il faut être le gardien impas-

[1] L'enfer.

sible! Respirer, au milieu de toutes les séductions, une atmosphère de béatitudes paradisiaques et se débattre dans l'impuissance! Tel est mon sort. A mon maître, je n'inspire que le dégoût ; à ma maîtresse, l'aversion ; à tous, l'indifférence ou l'ironie. Geôlier d'amour, être hybride sans nom, je dois êtr le pivot des séductions, des haines sourdes, des ambitions cruelles, des complots mystérieux, des crimes même ! Est-ce que j'ai quelquefois fait naître la pitié de quelqu'un et sait-on, seulement, que je puis sentir l'horreur de mon état? Ai-je jamais ri, dans ma vie, tandis que j'en ai fait rire beaucoup..... les infâmes ! « Surveillant du lis », tu l'as dit tantôt, Fatima, pour moi tout n'est que sarcasme et mépris. Je suis la bête noire de tes rêves, le martyre de tes jours, le cauchemar de tes nuits. Mon implacable présence, qui t'est si odieuse et dont tu souffres sans cesse, est, pour moi, à la fois mon supplice et mon bonheur. Objet de répugnance, apparence d'homme, je n'ai, pour l'homme, que de la haine et la vengeance torture mon cœur pendant que, courbé devant le maître, je subis ses affronts cent fois pires que la mort. Qui est-ce qui comprendra l'horrible combat que se livrent, en moi, mon âme et ma matière, l'une chaude, ardente, passionnée, l'autre glacée et morte? Oui, le bâtard de la nature, Ahmed l'eunuque, a osé, ô Fatima, élever ses pensées jusqu'à toi, houri de la terre. Il a permis à son esprit de se laisser entraîner par le torrent de tes perfections, aussi impuissant qu'un fétu emporté par le flot soulevé; ses yeux éblouis n'ont pas tremblé de regarder l'astre radieux dont l'ironique fatalité l'a fait devenir, en même temps, l'esclave et le gardien. J'ai supporté en silence le sort de mon existence, de cette fatalité qui m'a amené ici à ta porte, parce que ta vue, qui, cependant, ne faisait qu'accroître les ardeurs de mon âme et sentir plus durement l'horreur de ma condition, m'était comme une jouissance; tels ces fakirs de l'Inde qui, retournant dans la plaie le fer qu'ils y ont enfoncé, sourient aux idéales félicités qu'ils entrevoient dans la souffrance. Et puis, femme mariée, tu n'étais à personne : par mes soins, le maître a fait d'une autre sa favorite, sans jamais venir reposer dans le sanctuaire embaumé de ton haleine. Et ce serait pour te donner des armes, pour te permettre de t'arracher de ces lieux, et aller te jeter dans les bras d'un amant, que j'aurais passé mes jours et mes nuits à combiner dans l'ombre, patiemment, cet état de choses? Non, hanoum! Ce que j'ai supporté, sans me plaindre, devant mon idole adorée et abhorrée, tu ne le sauras jamais, quoi que je dise. Mais, du moins, nulle force humaine ne t'arrachera à ton sort, de même qu'aucune puissance, autre que celle d'Allah, ne saurait modifier le mien. Je me courberai jusqu'à ramper devant mon destin, puisqu'il est tel; mais, saches-le, Fatima, tant que je serai vivant, tu ne seras à personne, quel qu'il soit, fût-il le Padishah lui-même, où je t'enfoncerai dans le cœur le khandjar que tu vois là! Et si je puis te faire souffrir ainsi, sans le fouet que m'accordent mes fonctions, autrement que par ma présence continuelle, ce sera ma vengeance à moi, à la fois mon supplice et ma joie. Oui! il faudra que mon malheur entraîne le tien; victime je suis, victime tu seras. La volonté d'Allah l'a voulu ainsi, puisque je suis là, puisqu'il a permis que je surprenne ton secret: qu'elle s'accomplisse donc! Voyons, Fatima hanoum, répète maintenant ce que je t'ai entendu dire tout à l'heure, derrière le rideau vert de la porte, répète que *nulle* destinée n'est plus malheureuse que la tienne, que ta douleur et tes peines valent mes tourments et ma torture perpétuelle! Ah! par

Mohammed ! ta part est petite aux joies de ce monde ; mais moi, créature maudite, est-ce que la vie, telle qu'elle est faite pour les autres, est faite pour moi ? Sans nom, sans famille, presque sans patrie, sans passions, vil instrument des hommes, voilà ce que je dois être, voilà ce que je suis !

C'est tout ce que je voulais dire. Djarieh, tu es la confidente de ta maîtresse, j'ai voulu que tu sois également la mienne, et je sais que mon secret sera aussi bien gardé que tu gardais le sien, car toutes deux vous tenez trop à la vie pour ne pas me garantir le silence. Va, Fatima, le bain t'attend pour purifier ton beau corps, et toi, Djarieh, suis ta maîtresse »...

Et il sortit doucement, comme il était entré, laissant les deux jeunes femmes immobiles et muettes.

La tenture eut encore un frisson; la chambre, sous la lumière azurée qui tombait d'en haut, resta plongée dans le silence, et l'on n'entendit plus dehors, dans le calme de la lumineuse nuit d'automne, que la cadence des avirons d'un caïque qui glissait comme une ombre sur les eaux dormantes du Bosphore, devant le konak du vieux pacha Djéhil.

Constantinople, Janvier 1887.

DEVANT ADEN

DEVANT ADEN

Il est nuit.

Je viens de m'éveiller sous une étrange impression de bien-être, une indéfinissable et douce tranquillité de songe. Nous avons *stoppé*. Le bruit sourd et cadencé de la machine a cessé, et j'éprouve comme une sensation d'étonnement.

Depuis des jours et des jours que nous traversons l'Océan Indien en pleine mousson, le balancement incessant de tout ce qui nous entoure, le bruissement continu des vagues brisées par la marche et battant les flancs de fer du *Natal*, les trépidations de l'*arbre* secouant sans cesse notre sol en un frisson régulier et une cadence de mouvement d'horlogerie, sont devenus comme un état normal, nous ont pénétrés d'une telle accoutumance, que tous ces bruits ne se perçoivent plus qu'avec l'attention.

C'est le silence du bord.

Et voilà qu'au réveil, dans le cadre étroit de repos de la petite cabine encombrée de mille objets en désordre, sous le jour blafard d'une lampe anémique piquée au plafond bas, bruits et mouvement tout à coup ont cessé. Il me faut un moment pour comprendre et je regarde autour de moi, avec l'air hébété d'un malade qui sort d'un long sommeil léthargique.

Mon *hublot* ouvert laisse entrer un air chaud et humide qui semble sortir d'une chaudière, et ne me montre qu'un trou noir d'où monte doucement le bruit intermittent, le ressac de la petite vague qui clapotte en bas en se brisant, régulière et mélancolique.

Il me semble que je ne vais pouvoir me tenir debout et une impulsion instinctive me fait m'affermir sur mes jambes en mettant les pieds sur le sol, maintenant immobile.

Me voilà habillé : un costume des tropiques qui ne craint pas les indiscrétions de la brise, et je tire la portière verte dont les anneaux de cuivre, roulant brusquement sur la tringle de métal, éclatent, dans le silence, en un choquement et un glissement argentins. Le long de l'étroit couloir qui court d'un bout à l'autre du navire, presque de tête en queue, comme un boyau dans le ventre d'un monstre, des formes indécises de corps humains m'apparaissent, sous une pâle lueur de lanterne, sortant lentement, au fur et à mesure que mon œil s'habitue à la demi-obscurité. Sous mes pieds, touchant le seuil de ma cabine, une tête rasée, une figure large, épanouie, jaune et dure de chinois, la face au ciel, tombe sous le jet de lumière plus intense de ma lampe, et me donne la sensation d'une tête de décapité roulée là, le souvenir d'un crâne de pirate entrevu dans le bocal d'un musée, le nez aplati sur le verre. Près de lui, un autre corps, dans une pose que je ne reconnais pas : un paquet noirâtre où je crois deviner une queue se dégageant d'un coin obscur. Puis, plus loin, ici et là sur des nattes, sur des matelas, sur les tables, sous les bancs, partout, côte à côte ou roulées en paquets méconnaissables, d'autres formes gisent dans toutes les poses de l'abandon inconscient; les unes éclairées crûment par les rares lanternes suspendues en haut; les autres sortant des dessous sombres, montrant un bras, une jambe, une tête dont on ne distingue pas bien les attaches.

Ce sont les garçons, les *boys* chinois, les passagers de pont qui ont cherché ici un refuge contre les changements atmosphériques possibles de la nuit, et se sont endormis comme ils ont pu, n'importe où.

On dirait le désordre d'un champ de bataille après l'action. J'ai peine à trouver des interstices pour poser les pieds, sur ce sol de chairs dissimulées. Cependant j'arrive au salon qui est dans l'ombre ; je suis dans l'ignorance la plus complète de l'heure, ma montre s'étant arrêtée; mais je puis, en me haussant, apercevoir, au large cadran de l'horloge collée près du plafond, la petite aiguille sur deux heures. On y respire, là, une vague odeur moite d'hôpital, mêlée à celle des citrons écrasés, abandonnés sur la longue table, à côté des verres et des cuillères, et aux parfums de toilette qui sortent des chambres entr'ouvertes. Tout autour, derrière quelques portières mal tirées, des veilleuses agonisantes sont restées allumées et on aperçoit, dans les intervalles, des coins de lavabos métalliques brillant sous la faible clarté, des vêtements abandonnés, en désordre, retombant les uns sur les autres des patères, et un tas de choses claires ou noires que l'on distingue mal, qui se confondent entre elles.

Partout des gisements d'hommes et de choses ; partout le silence de la nuit qui évoque celui de la mort.

Cependant, parfois, on entend un frôlement, un frémissement qui court quelque part, un soupir ou un ronflement dissimulé, comme un bruit de bête de nuit qui s'agite.

... Je suis allé me recoucher en passant, de nouveau, par-dessus tous les corps allongés et je crois bien que c'est peu après que je me sentis brusquement tiré de ma torpeur par une forte secousse.

En haut, sur le pont, le mouvement reprend ; c'est le réveil lent du bateau. D'intervalle en intervalle on entend des bruits sourds et scandés de pieds nus qui marchent, des remuements de cordes qu'on agite, des secouées soudaines de treuil qui travaille, des appels de voix étouffés, des ordres à coups de sifflet exprimant toute une phrase, des traînements de colis qu'on prépare et des roulements de chaînes descendant et grinçant sur leurs poulies de fer.

Je suis sorti de nouveau, me réveillant lentement, aussi, dans la chaleur lourde de souterrain qui se dégage le long de la batterie, sous un jour trouble et vacillant. Dans sa cage de fer, largement éclairée, la gigantesque machine dort maintenant d'un sommeil mérité. Les cuivres et les aciers brillent avec éclat sous la franche clarté des lampes métalliques accrochées aux garde-fous, et on distingue, sortant d'en dessous, la cadence régulière d'un piston qui continue sourdement nu travail mystérieux.

Me voilà dehors où tout se confond d'abord, jusqu'à l'horizon, dans des noirs d'ombres impénétrables. Sur le pont, des échappées de lumière venant des *carrés* d'en bas, du salon, de la cuisine, des postes, lumières des fanaux de service se balançant lourdement aux cordages ou plantés aux échelles des *coupées*, éclairent brutalement certains détails.

Mais, peu à peu, l'œil perçoit des demi-obscurités, des teintes faiblement apparentes et je m'engage avec précaution dans un dédale de longs fauteuils de rotin de toutes formes, où des corps roulés reposent immobiles. Il y en a d'étendus sur le pont, appuyés un peu partout, assis, repliés ou roulés en boule comme des hérissons, allongés comme des cadavres, cognés les uns sur les autres contre les bastingages, le dos à la brise humide de mer, le ventre au ciel, les pieds dans l'eau du lavage qui commence, sur le même plancher des jours et des nuits, jusqu'à l'arrivée.

Ce sont aussi des passagers de pont, moins bien traités, ceux-là, que d'autres, à quatre pattes, les moutons, les chevaux et les bœufs dans leurs cages ou leurs boxes couverts, et les volailles qui alimentent la cuisine, piétinant, à l'avant, dans leurs caisses à barreaux de fer.

Et cette réflexion me navre, en passant...

La brise est douce, d'une tiédeur terreuse; la surface de l'eau paraît d'un noir d'encre, un noir d'abîme. Noir aussi le ciel, couvert jusqu'à l'horizon de nuages qui changent à tout instant de forme, s'empaquetant, s'allongeant, passant et roulant les uns sur les autres avec des mouvements rapides de fantômes. En face, on distingue confusément une ombre immense, sombre, haute, pointue, aux crêtes fondues sous le brouillard ambiant, piquée à la base de quelques lumières faibles, en bordure. C'est une montagne et elle paraît tout près de nous, prête à écraser notre navire de sa masse vague.

Ailleurs, d'autres lumières se montrent par groupes sur la grande ombre, nombreuses dans un angle où elles contournent l'horizon. Puis plus rien.

Il devait y avoir, sur toute la scène, un rideau de brume qui vient de se déchirer brusquement, car tous ces points lumineux semblent apparaître, en un moment, plus vifs et plus nets.

Au loin, de l'autre côté, c'est encore une

ligne sombre, avec des tons différents du noir : sans doute des roches rejoignant la première masse par une ligne plus claire de plage que l'on devine plutôt qu'on ne la voit. Très doucement, pendant que je regarde, là, cherchant à percer l'obscurité, à deviner derrière je ne sais quelle opacité de l'horizon, une légère clarté, — moins que cela, une transparence à peine sensible, — est venue je ne sais d'où et me permet d'entrevoir sur l'eau s'agiter des silhouettes brunes : des barques, des pirogues probablement, qui viennent vers nous.

A l'arrière, où je suis arrivé en tâtonnant du pied et de la main pour ne pas fouler des bras et des jambes, heurter des tas de cordages ou me jeter sur des palans, se voient encore, à la lueur d'un fanal qui descend de la double tente, des enlignées de rotins où les dormeurs, — ceux-là des classes privilégiées, — s'allongent, prudemment enveloppés. Par cette chaleur lourde personne ne résiste dans les cabines ; on cherche l'air qui semble fuir, et le pont se transforme en un long dortoir. Quelques-uns ont fait apporter les petits matelas de leur cadre ; mais la plupart, hommes et femmes, en des costumes de nuit appropriés, demeurent simplement étendus sur les fauteuils de bambous. On en voit dans tous les sens, dans toutes les directions, et s'y hasarder serait imprudent. Aussi, tout en cherchant à reconnaître un compagnon de voyage au milieu de ces formes gisantes, je viens m'accouder sur le petit banc à jour, qui avait, comme les autres, son locataire nocturne, pour y attendre le réveil général.

Tout d'un coup, dans un détraquement des masses nuageuses, le croissant pâle de la lune apparaît comme au fond d'un entonnoir : une ouverture qui montre un coin du ciel et d'où descend une lumière triste dont les gros cumulus noirs accrochent, au passage, des touches blêmes qui suivent les arêtes irrégulières de la déchirure. Et cette apparition paraît fantastique : un décor de féerie préparé, là, pour quelque mystérieux spectateur.

L'horizon et les roches, autour de nous, paraissent encore plus sombres sous cette lumière qui tombe en droite ligne, comme par un trou de la voûte, avec sa longue traînée argentine à la surface de l'eau noire. Effet de lanterne sourde qui n'a duré que le temps d'étonner, car les nuages roulent toujours et viennent combler le vide fait dans l'impénétrable écran.

Mais on sent, dans l'air pesant, comme un travail difficile qui se prépare : une gestation laborieuse de la nature. La brise, légère d'abord, enfle progressivement, se fait vent ; une pluie fine commence à tomber, enveloppant tout d'un brouillard humide, et l'orage grossissant rapidement, l'eau tombe à torrents, inonde les tentes, avec un clapotement violent le long des plats-bords et sur le pont : on dirait que la voûte vient de s'effondrer, comme une écluse qui cède, abandonnant les masses d'eau retenues qui s'abattent en cataracte.

Et le vent souffle avec violence, jouant sur les cordages comme sur des basses notes de violoncelle, sifflant des soupirs d'agonie ou bruissant vaguement en un murmure qui se perd et se mêle au fracas de l'eau qui tombe.

Ce spectacle si inattendu, qui a éclaté dans cette nuit tranquille avec une extraordinaire soudaineté, me tient à ma place, muet de surprise, et aussi d'admiration. C'est que nous sommes devant Aden, ce rocher noir de laves figées où il ne tombe, d'en haut, que le ruissellement d'un soleil implacable, brûlant tout ; c'est que les années passent, dans cett fournaise, sans qu'une pluie bienfaisante vienne en rafraîchir l'atmosphère desséchée.

C'est cela surtout qui me rend immobile, l'idée de cet enfer où j'ai vécu jadis, il y a longtemps, une longue année de jours chauds.

L'inondation continue, sans faiblesse, et le vent, comme pour rafraîchir les dormeurs des rotins, envoie, par rafales, des gerbes d'eau en coups d'estompe.

A ce changement si soudain dans l'état de la nature, un mouvement s'est fait partout, d'un bout à l'autre du pont : on pousse des colis pour les mettre à l'abri ; on raffermit des toiles qui cèdent à la brise, fouettant l'air ; on ferme des hublots qui battent sous le vent ; on décroche des panneaux qui retombent brusquement dans la presse mécontente d'un réveil forcé ; de tous côtés les secousses des treuils, les bruits de cordes qui claquent, les sifflements aigus d'ordres rapides se mêlent au grésillement de la pluie.

Sous la tente, ce sont des chaises longues qu'on entasse, des matelas que l'on traîne, les dormeurs surpris qui fuient dans toutes les directions, cherchant l'issue de la descente aux cabines, traînant des draps, des vêtements, des oreillers, ahuris, dans la soudaineté d'un réveil subit, par le concert qui s'élève de toutes parts, abandonnant leurs couches de rotin qui se mêlent et s'entre-choquent.

Et tout ce mouvement, cette débandade, ce bruit, dans le demi-jour donné par la lueur indécise des fanaux qui apparaissent comme au milieu d'un brouillard de vapeurs, et les rayons mourants qui montent du salon. Les feux des barques qui se sont approchées de nous, surprises trop près pour fuir, se voient comme de grosses buées lumineuses qui se balancent dans l'air.

Et la pluie continue à ruisseler.

Au loin on ne voit plus rien qu'un rideau trouble devant les premières lueurs de l'aube qui monte doucement, et à travers lequel on distingue la masse noire d'une chaloupe à vapeur dont les deux grands yeux ronds, blanc et rouge, semblent appartenir à un monstre marin qui s'avance majestueusement.

Cependant le pont est revenu à sa tranquillité première ; seuls des coups de sifflet et des appels de voix se font entendre encore. Tous les passagers ont disparu ; quelques curieux seulement, collés aux portes, les pieds sur la ligne d'eau, regardent passer l'orage.

Peu à peu la pluie cesse de tomber ; le vent ne devient plus qu'une petite brise douce et humide ; le jour sort de derrière la grande masse sombre de l'immense cratère qui semblait le cacher et le voile trouble se dissipe autour de nous, découvrant tous les détails tristes d'un demi cercle de rochers noirs et dénudés. Enfin les passagers se montrent aux ouvertures dans leurs mauresques blanches, les pieds nus dans des pantouffles de paille, et la vie entière du bord reprend ses mille mouvements journaliers, interrompus par la douche céleste, jusqu'au *Natal* lui-même dont les frémissements de l'hélice annoncent le réveil définitif.

Aden, Décembre 1890.

DANS LE BOIS DE GAZA

DANS LE BOIS DE GAZA

Nous étions harassés par une journée de soleil torride reflété par un sol parfois uniformément sablonneux, un sable fin, jaune clair où les jambes des chevaux s'enfonçaient ; parfois comme émietté, pierreux et recouvert de quelques tristes bouquets de broussailles, jusqu'à l'horizon où de hautes haies de cactus cachaient quelques petits villages.

Nous n'avions fait, depuis Jaffa, qu'une station au village de Sdoud, où nous nous étions arrêtés pour passer assez médiocrement la nuit et que nous avions quitté, le matin même, à 7 heures 1/2, mon interprète, Djebran Effendi Houri, mes cavaliers et moi.

Sdoud est un centre assez important, formé de cases en pisé, basses, grandes, recouvertes d'un toit de terre arrondi d'où sortent, de tous côtés, des touffes de paille, ce qui donne à l'ensemble un air de village africain. Ces cases sont séparées entre elles par de petites cours enfoncées entre des murs de terre lavée, ou par des barrières de figuiers de barbarie poussiéreux. Par-dessus le tout se balancent les élégants bouquets de dattiers.

Le pays, depuis, se présentait assez pittoresque : des villages nombreux, entourés de vastes jardins plantés d'arbres fruitiers et d'oliviers, retenus par des haies de cactus s'étendant et s'entre-croisant de tous côtés. C'étaient *Beit-Darras*, *Hamamé*, *Nejdel*, etc., bourgs relativement riches pour cette région de soleil et de sable. Nous étions à la saison de la cueillette des fruits, travail confié aux femmes aidées par les enfants. Courbées à terre, la figure et la poitrine drapées sous leur *mandil*[1] blanc, ne laissant voir que des yeux noirs, brillants, qui nous dévisageaient curieusement, elles étaient là, groupées par centaines, levant, l'une après l'autre, le nez à notre passage.

Puis, nous étions arrivés aux ruines de l'antique Ascalon, enterrées sous une haute dune au bord de la mer, devant un délicieux jardin de citronniers, d'arbres fruitiers de toutes sortes, de fougères poussant avec une grande

---

[1] Voile ou mouchoir, en langue arabe.

magnificence, jusqu'à des pins isolés qui semblaient égarés au milieu de cette végétation tropicale. Là nous avions laissé nos chevaux et nos gens près d'un puits, dans un khan[1] abandonné, où un bassin d'eau verdâtre semblait un véritable aquarium d'infiniments petits : une ruine moderne à côté des anciennes.

Ce qui reste de la vieille cité phénicienne, sœur d'Ashdod et de Gaza, est presque entièrement recouvert par le sable. Au milieu d'une allée de hauts cactus, une colonne à moitié enterrée en est le premier vestige ; puis, de l'autre côté, ce sont des débris de toutes sortes, des pierres disloquées et des coins de chapiteaux affleurant à la surface. La haute dune, qui domine la mer devant les jardins. va finir au loin à l'extrémité d'un petit cap.

Le tout fait face à une grande construction européenne qui s'élève sur la colline, un lieu de villégiature du *Mutessaref*, gouverneur de Jérusalem, pendant trois mois de l'été.

Depuis Ascalon, la route avait été affreusement triste, la chaleur brûlante, et la ville de Gaza, où je me rendais, était bien éloignée encore d'une bonne heure.

Gaza qui, douze siècles avant notre ère, se

---

[1] Caravansérail.

rendit presque maître de la Phénicie, en battant la flotte sidonienne, et régna sur une grande partie du peuple d'Israël, est la dernière ville, au sud de la Syrie, à une centaine de kilomètres de Jaffa. Au-delà, à moins de deux heures de cheval, est la frontière de l'Arabie et la grande nappe de sable qui s'étend jusqu'au massif du Sinaï. Une population de plus de soixante mille Bédouins erre sur cette limite, indépendante, refusant de payer les impôts, refusant de verser les dîmes, ne connaissant aucune loi, et la Turquie, après plusieurs efforts infructueux pour les soumettre, a fini par les abandonner. Les Contributions et la Régie des tabacs ont également renoncé à imposer leurs droits. Aussi la contrebande est-elle une des principales ressources de ces populations nomades.

A moins d'une heure de Sdoud, nous avions rencontré, dans la journée, au pied des dunes uniformes qui bordent la mer, une caravane d'environ 200 chameaux, s'allongeant comme un chapelet, en un long serpent, sur la blancheur immaculée des sables, accompagnés par près de 150 Bédouins armés, montés sur leurs petits chevaux maigres et infatigables. Ce sont ces caravanes qui apportent sel et tabac, deux produits affermés, traversant villes et villages qu'ils pillent parfois sous les yeux des autorités impuissantes.

La partie sud même de la ville de Gaza, séparée comme les autres quartiers par tout un pâté de jardins et de cactus, est habitée par ces Bédouins insoumis.

Nous passions donc, alors, dans le lit d'un torrent qui ne roulait, présentement, que des flots de sable fin montant aux naseaux des chevaux à moitié fourbus par douze heures de marche fatigante, et nous nous entretenions, mon interprète et moi, des razzias que ces nomades font régulièrement dans ces parages.

Nous étions restés sur ces derniers mots : « Si nous n'étions six cavaliers bien armés, nous ne nous aventurerions pas, à cette heure, dans le lit de l'Oued...... » La nuit était venue ; le vent avait amoncelé, dans le torrent, des monticules de ce sable impalpable, et j'avais manqué, plusieurs fois, d'être jeté à bas de ma monture qui, enfonçant jusqu'au poitrail, buttait et ne se relevait qu'avec des soubresauts violents.

La lune venait de montrer un large croissant blanc et clair, et les quelques lauriers-roses qui bordaient notre route allongeaient, sur le sol pâle, de longues ombres noires.

Il y avait un quart d'heure à peine que nous étions entrés sous le couvert du vaste bois d'oliviers qui s'étend au nord de Gaza, sur un rayon de plusieurs kilomètres, et qui offre aux déprédations des Bédouins un champ toujours exploitable où la poursuite est très difficile. Le ciel était parcouru par de grandes masses de nuages floconneux qui voilaient la lune par intervalles ; alors nous étions, sous les grands arbres, plongés dans l'obscurité, nous apercevant à peine les uns les autres, et, tout d'un coup, nous réapparaissions en pleine clarté entrant et sortant ainsi dans le jeu de lumières et d'ombres de la forêt. Le sentier qui la traversait était toujours sablonneux ; nous avancions lentement, sans causer, nous laissant aller à la cadence douce des pas des chevaux, un peu ballants comme des mannequins, et je somnolais, pour mon compte, les yeux fermés, abattu par la fatigue de cette longue chevauchée sous un tel climat.

Peut-être rêvais-je alors de ces féroces et intrépides Bédouins, de leur vie aventureuse, de ces peuples nomades, errants, dont l'indépendance m'a toujours paru n'être pas sans charmes.

Mon interprète, un Grec du pays qui connaissait bien la région pour avoir habité

Gaza, marchait devant, et nous suivions sans ordre, silencieusement, car le pas même des chevaux s'amortissait sur ce sable battu. A peine entendait on, au loin, les aboiements affaiblis de quelque chien de village.

Tout à coup nous sommes tous cloués sur place de stupeur : un hurlement formidable, poussé par cent poitrines à la fois, éclate devant nous, et nos chevaux frémissent, se cabrent sous le coup d'arrêt sec et instinctif de nos brides. Devant et un peu à gauche, on n'aperçoit qu'un tertre embroussaillé dont le sommet seul est éclairé ; nous mêmes nous sommes dans l'ombre. La clameur était partie de là. Nous n'eûmes pas le temps de nous concerter ; le révolver à la main nous nous élançâmes en avant, un peu désorientés dans cette obscurité; tandis qu'un cri partait « *hekoum*¹ ! » au même moment où un coup de feu brillait dans la nuit.

Il y eut un mélange indescriptible de voix et d'appels, de blasphèmes et d'injures ; un piétinement de chevaux impatientés se cognant et se cabrant ; un bruit de choses qui se heurtent ; l'agitation vague d'une foule qui se meut, et je reconnus enfin une bande

---

Gouvernement.

d'Arabes d'au moins quatre-vingts personnes armées de la façon la plus bizarre de tous objets qui, entre des mains humaines, sont susceptibles de blesser ou de tuer, parmi lesquels de longues canardières à pierre et de forts révolvers circassiens.

La lune éclairait bien la scène maintenant; toutes ces têtes arabes qui ressortaient, avec leurs yeux brillants, leur figure bronzée et leur profil à arêtes dures, sur la clarté de leurs nippes, évoquaient en moi l'idée d'une de ces nocturnes et mystérieuses réunions de sorciers dérangés au fond du bois dans quelque terrible besogne. Tous les uns sur les autres, dans un mélange de haillons bleus, rouges et blancs, ils s'étaient tus subitement à une dure injonction de leur chef qui se présentait devant moi armé d'un long fusil qu'il brandissait tout en parlant.

J'eus, en quelques secondes, l'explication de ce qui s'était passé. Une bande de Bédouins avait razzié un village des environs au moment où tous les hommes se trouvaient occupés aux travaux des champs, et, à leur retour, ces derniers étaient partis à la poursuite des pillards, s'étaient embusqués là, à la vue de nos silhouettes de cavaliers, pensant avoir rencontré leurs ennemis. Le coup de feu était celui d'un impatient, doublé d'un maladroit — heureusement, — qui avait devancé l'ordre du chef au moment où était poussé le cri de guerre, et où celui-ci venait de reconnaître son erreur confirmée par l'appel de mon drogman.

Il y eut encore des pourparlers, des explications, des coups même administrés par mes cavaliers furieux d'avoir été réveillés si brusquement, des insultes du chef au tireur maladroit, une lutte oratoire entre ces gens qui discutaient tous ensemble, et qui, enfin, nous demandèrent, puisque nous appartenions au Gouvernement, de nous joindre à eux pour poursuivre les pillards.

Et tout ce bruit, ce mouvement, ces cris et ces chocs d'armes, dans la demi-obscurité de la forêt, tous ces bras secs s'agitant au-dessus d'un pêle-mêle de têtes noires me faisaient penser à une rencontre de barbares dans les forêts d'un monde ancien.

Mais je n'eus pas à repousser la demande des Arabes; se dressant droit sur ses étriers, un bras en l'air, mon drogman s'écria, pointant de son doigt, derrière nous, un point noir imaginaire : « les Bédouins! »

L'effet fut magique; en une seconde, la bande se rua dans la direction indiquée en poussant les mêmes rugissements qui auraient averti les ennemis de leur présence, s'ils avaient été à une lieue de là, mais qui nous avaient sauvés d'une surprise dangereuse.

Nous repartîmes complètement réveillés et égayés par l'aventure, car tous nous avions cru à une attaque des nomades. Je me retournai assez à temps pour apercevoir, à l'extrémité opposée du sentier que nous suivions, les ombres de la bande maintenant silencieuse se perdre au loin à travers les troncs noirs des oliviers.

Mais, à cinq minutes de là, une troupe, dissimulée derrière les arbres, sortit et s'enfuit irrégulièrement, brusquement débandée à notre approche. C'était le second ban de la levée de boucliers, les femmes et filles des guerriers improvisés qui suivaient leurs maris, leurs frères et leurs fils, pour assister à la lutte et peut-être décider du sort des armes. Elles, également, nous avaient pris pour des Bédouins. On leur cria, aussi fort que l'on pût, de ne pas avoir peur, mais nos voix se perdirent en échos répercutés, et elles disparurent encore dans le noir de l'horizon.

Nous n'avions pas fait quinze pas qu'une nouvelle bande, — les enfants cette fois, toute une marmaille, — sortit d'un fourré comme une nuée en poussant des cris de frayeur : l'arrière-garde de l'armée qui se trouvait ainsi divisée en trois corps disposés suivant leur force.

Le village entier restait donc désert, mais les chiens veillaient, et surtout aboyaient à tout ce mouvement insolite qui se faisait autour d'eux. On entendait leurs hurlements lamentables ou furieux qui nous arrivaient comme un concert de plaintes sur le malheur de leurs maîtres.

Nous nous remîmes définitivement en route, et une demi-heure après nous entrions à Gaza.

Gaza (Syrie), Octobre 1887.

LE LOUP BLEU

LE LOUP BLEU

« Il était tard, ce soir-là, quand j'entrai dans la salle du bal.

En un extraordinaire acte de condescendance respectueuse, je m'étais laissé retenir par une excellente vieille parente qui avait parlé de Paris, son sujet favori, avec plus d'enthousiasme, peut-être, que d'habitude. Il faut avoir été loin quelque temps, avoir subi cette influence d'un milieu nouveau pénétrant comme l'est celui d'Orient, pour comprendre combien est empoignante l'idée de la patrie, là-bas, tout au bout de cinq grandes journées de bleu, avec les mille choses aimées, les êtres chéris, les vieilles habitudes et tout cet ensemble de grandes règles, de détails menus immuables dont chacun s'entoure, qui constituent comme l'accommodement journalier de la vie, qui s'incrustent à notre être moral et le commandent avec la force de besoins physiques. Et malgré l'attrait immense du sujet, malgré la grande déférence que j'avais pour ma parente âgée, malgré l'intérêt que me présentaient trois cousines mutines, — trois sœurs orphelines en tutelle auprès d'elle, — et aussi l'agrément d'une société amie à laquelle le tour de la conversation avait donné cette animation spéciale qu'on ne trouve que dans la boisson et le plaisir, malgré tout, je bouillais d'une telle fébrile impatience que j'allais demander grâce, m'échapper, m'enfuir.

C'est qu'un sujet bien autrement impérieux me tenait depuis déjà longtemps ; c'est que ma vie venait de subir une de ces transformations de son essence même qui font un être nouveau de celui de la veille et parfois un jeune homme d'un vieillard ; c'est que j'avais rencontré un certain loup bleu à frange blanche qui avait opéré en moi comme une transmutation d'âme. Je dis bien : « un loup bleu », non une femme, avec ses traits qui exercent sur nous cette complexe attraction dont l'analyse échappe à notre entendement, avec cette influence qui nous charme d'abord, nous captive ensuite, en attendant de nous égarer, de nous enlever au sillon que trace péniblement notre existence, mais une mystérieuse idéalité qui avait pénétré toutes les fibres de mon être, troublé la marche régulière de mon système cérébral jusqu'à me faire perdre la notion habituelle du *moi*, qui m'avait plongé, pourrais-je dire, comme dans un long rêve.

Enfin je fus délivré ; hâtivement je saluai, et mon départ fut une fuite. En une seule course j'arrivai, bousculant les passants étonnés, dans la longue, irrégulière rue de Péra (il s'agit ici de Constantinople), sans voir autour de moi, tout à ma pensée. A la porte, dans le flamboiement des lumières d'apparat du bal, je m'arrêtai. En une vision rapide, fugitive, je me trouvai en face de ce séduisant écran, enveloppe de soies et de satins multicolores, adorable de forme, que j'allais revoir.

Oui, un écran seulement pour moi, mais un écran qui était peut-être un écrin. Depuis un mois, en effet, que le carnaval durait ici où ce moment est anxieusement attendu, par toute une jeune et exubérante population, ainsi qu'une récréation annuelle, je ne connaissais encore d'*Elle* que son loup bleu à frange blanche qui s'ouvrait sur deux grands yeux noirs mélancoliques; que sa peau de satin, dont elle ne laissait voir que des échappées, de cette pâleur mate des filles du pays;

que ses cheveux d'ébène dont les mèches folles ombraient une nuque irréprochable ; que ses mains un peu grandes mais belles, ses pieds mignons, sa démarche langoureuse d'orientale, et un certain balancement du buste qui me la faisait toujours reconnaître au milieu de la foule.

Je ne sais pourquoi le premier moment de notre rencontre fut comme une reconnaissance ; de suite nous fûmes amis, attirés par une certaine force sympathique, sans passer par cette période expectante, qui précède toute amitié au début, pendant laquelle chacun s'examine, s'étudie et s'avance prudemment sur le champ encore inexploré d'une âme humaine. Et, dès les premiers jours, je fus pris, enveloppé, captivé par mon loup bleu qui entra définitivement dans mon existence et se substitua rapidement à toutes mes communes pensées. C'est à travers la vaporeuse figure de sa silhouette, à travers le coloris brouillé de son costume, le bleuté vague de son loup à frange blanche que, depuis, je voyais tout, je sentais tout ; et cette hantante vision m'avait comme disposé à toutes les indulgences ; toutes les idéales beautés s'étaient infiltrées en mon cœur, naissaient spontanément en généreuses aspirations jusqu'à me faire paraître à moi-même un être différent, une entité transformée à un souffle nouveau. De toute sa personne il se dégageait je ne sais quel parfum d'inconnu, et, près d'elle, je subissais une influence occulte certaine qui laissait ma matière abandonnée par ma volonté, anihilait toutes mes facultés d'être pensant et agissant, m'emportait comme en un courant d'indéfinissable tristesse heureuse qui durait tant que je la sentais près de moi et se continuait ensuite en une sensation vaguement douce. Sa voix lente, que je n'avais jamais entendue que dans les longs chuchotements discrets des conversations en public, avait une grâce, une candeur d'enfant, et ses inflexions charmantes me restaient dans les oreilles, longtemps après que je l'avais quittée, comme le thème d'une harmonieuse musique.

N'y avait-il pas, dans cet effet si puissant, si rapide, si absolu et si obscur, en même temps, d'une femme inconnue, beaucoup du milieu même dans lequel le contact s'était produit et perpétué? Car certaines organisations nerveuses sont tellement soumises aux actions ambiantes qu'elles n'en vivent plus de leur propre mouvement, atteintes par une sorte d'irresponsabilité résultant de leur esclavage même.

C'est que je l'avais connu, ce loup bleu, d'une façon très ordinaire, banale même, un soir de bal masqué, au cours d'une de ces explosions de la coquetterie féminine dans ce qu'elle a de plus suggestif, telles qu'il s'en produit ici, chaque année, une bonne demi-douzaine. Voici. J'errais au milieu de la cohue bariolée, un peu étourdi par l'éclat des lumières, le mouvement du monde, le papillotement des couleurs, la mesure entraînante des danses, le parfum des toilettes et les effluves féminines. L'orchestre attaquait une valse. On en était seulement à ce moment où chacun cherche à se retrouver, encore dans l'entière plénitude de ses facultés, où les excitations sont à peine à fleur de peau ; à cette période, en un mot, qui est comme le prélude des complexes mouvements de l'âme que détermine cette coutume de danser au son d'une mélodieuse cadence, dans un cadre approprié. J'allais me mettre à l'écart, cherchant un masque qui s'obstinait à ne pas paraître, un signe indicateur que je trouvais bien en retard, une amie, quand je me sentis doucement touché au bras. Une bergère, jeune d'aspect, petite, joliment vêtue, le visage couvert d'un loup bleu impénétrable, me regardait profondément en se tenant de-

vant moi comme pour se faire reconnaître.
Je la questionnai :

— Me connais-tu, gentil loup bleu ?
— Oui, répondit-elle.
— Qui suis-je ?
— Celui que je cherche.
— Et moi, t'ai-je déjà rencontrée ?
— Non.

Elle prit mon bras que je lui offris, et, tout de suite, nous causâmes ; nous causâmes même longtemps avant de nous laisser entraîner à la danse. Elle me parla comme quelqu'un qui m'aurait connu déjà depuis de longues années, du bal, des gens, de leurs costumes, des petits potins de la ville qu'elle paraissait bien connaître, s'abandonnant avec confiance. Elle avait, près de moi, une tranquillité, une assurance de sœur ; dans la voix, un calme imposant sans paraître ni voulu, ni forcé. Je sentais que la quiétude de ses mouvements répondait au parfait repos de son âme.

Ce qui m'étonna le plus, à ce tout début de notre connaissance, plus encore qu'on ne pourrait le croire étant donnés le lieu et le pays où nous nous trouvions, c'est la simplicité de forme, la façon doctorale, légèrement philosophique avec laquelle elle savait envisager les choses, la tournure sérieuse qu'elle donna elle-même à notre conversation comme pour me faire apprécier le penchant de son esprit, l'étendue de ses connaissances, la base de son jugement. Et nous allâmes à travers les groupes remuants de masques gais, de brillants déguisements, tous entraînés par les grisantes émanations du milieu, délivrés, dès la porte, de l'obsédant cortège de soucis et d'inquiétudes de la vie quotidienne ; tous pour un instant allégés, au souffle des vapeurs chaudes de la salle, des matérialités habituelles, — nous allâmes, causant très près de l'art dans l'habillement, du génie particulier des races environnantes dans cet art, puis de la beauté, de la belle régularité linéaire des juives, de l'exubérante santé des arméniennes, de la chaleur de teint des grecques et de la langoureuse, difficile démarche des turques. Enfin elle me désigna quelques connaissances communes, des dames seulement dont les indiscrétions lui avaient fait connaître le costume, effleura la question de l'action de la musique sur le cerveau humain, critiqua les derniers actes de l'ambassadeur de France et finit par me demander mes opinions politiques.

Deux heures après, seulement, ma bergère

accepta une valse. Et déjà je ne m'adressais plus au masque en la forme légère qu'autorisent les circonstances, mais à la femme, à l'amie plutôt qui venait de se révéler à moi en un instant ; j'avais involontairement abandonné le tour léger du début devant son imposante manière d'être et sa curieuse gravité qui contrastait si fort avec ses apparences enfantines.

« Et moi, t'ai-je déjà rencontrée ? » lui avais-je demandé ; elle avait répondu sans hésiter : « Non. » Je ne la connaissais donc pas ! Cependant elle m'avait dit mon nom, m'avait parlé de mes goûts et de mes relations. Cette question flottait maintenant dans mon esprit, tandis que nous causions, et, dans deux ou trois circonstances, je l'avais posée, en des styles divers mais qui montraient toujours bien ma violente curiosité. Je lui exprimai enfin franchement le plaisir que j'aurais à lui voir lever, sans trop attendre, l'incognito que gardait le loup bleu à frange blanche. Non que je souhaitasse obtenir sans lutte le banal rendez-vous des jours suivants, mais j'aurais voulu qu'elle me mît sur la voie, qu'elle me fournît, au moins, des indices. Cependant elle se dérobait, se refusait, et sa dernière réponse avait été :

— A quoi bon ?

Le cœur humain est un insondable chaos, un amalgame de conscience et d'inconscience, de désir et d'indifférence, de raison et d'*irraison*, de logique et d'illogisme. Ma première impression, dès notre rencontre, avait été l'étonnement ; la curiosité avait bientôt suivi, complétée par une sorte de jouissance à l'idée de ce mystère qui se dressait devant moi et me donnait tant d'exquises promesses, d'illusions rares, de sensations point banales, — de celles que recherchent, sans les trouver souvent, les âmes douées de cette sensibilité native toujours prête à éclore au contact d'une nature également inquiète. J'aurais dû être heureux, accepter avec bonheur l'augure de mon trouble, ménager cette source nouvelle d'émotions inconnues, et m'engager avec confiance dans ce chemin nouveau qui me montrait les délicieux horizons du pur idéal.

Et voilà que, immédiatement, je voulais rompre le voile, faire évanouir le charme, briser au loin la coupe de nectar divin à peine mes lèvres posées sur ses bords. Ce fut elle qui m'arrêta dans cette voie ; ce fut la femme avec son sens si juste, si subtil, si délicatement intelligent pour tout ce qui touche aux sentiments, qui, sans émoi, détourna le cours de mes hâtifs et imprudents désirs. Je lui en fus, le lendemain, reconnaissant.

Cette nuit-là, donc, passa rapide entre les longues causeries sérieuses et la danse. Prudemment nous avions entamé le premier chapitre de notre connaissance. Ce qu'en fut le souvenir, pour elle, je n'aurais pu le dire ; pour moi, il était comme un rayon qui m'éclairait au dedans comme au dehors, et à travers lequel passaient tous mes actes, toutes mes pensées.

A deux heures nous nous séparions sans promesse, en plein milieu du bal, décidément repoussé dans mes offres de conduite. Ferme dans ma résolution, je fus parfaitement discret et ne cherchai pas à enfreindre la volonté de ma nouvelle amie.

« J'arrivai au bal de bienfaisance suivant, cinq jours après, plein de son idée, inquiet de savoir si je la retrouverais — puisque nous n'avions pris aucun engagement — et, peu après mon entrée, je la sentis se glisser à mon bras, sans que j'aie pu savoir de quel côté elle y était venue. En même temps elle murmurait simplement à mon oreille :

— Bonsoir, ami.

Et c'était bien le même écho de sa mélodieuse voix qui, depuis cinq jours, s'était logée dans mon crâne sans que rien ne pût en ternir la pureté. C'était bien mon loup bleu tel qu'il m'était apparu, il me semblait depuis longtemps,— ils sont si longs les jours dont on compte les minutes ; — c'étaient son même costume de petite bergère d'opéra comique, sa même démarche et ses grandes noires prunelles qui me regardaient, me fouillaient à travers le satin comme si elles avaient voulu plonger jusqu'à mes plus profondes pensées. C'était bien elle, avec sa pénétrante action qui m'absorbait tout entier.

Encore nous causâmes longtemps ; j'oubliai le bal, la danse, la musique, et elle paraissait s'en soucier, en ce moment, autant que moi. Elle me fit part de son goût pour les couleurs éclatantes, les miroitements du satin et de la soie, de l'or et de l'argent dans l'éclat des lumières. La danse, que ses sœurs lui avaient apprise en de joyeuses et babillardes leçons, pendant les longues après-midi d'été, était aussi, pour elle, un grand plaisir. Ce désir d'aller au bal masqué, formé depuis son âge de jeune fille et qu'elle avait espéré satisfaire bien souvent, venait enfin de se réaliser. Elle y arrivait, heureuse, avec ses sœurs, plus âgées, et ne manquait pas de cavaliers, mais elle s'arrangeait toujours pour leur échapper et leur donner plus tard mille excuses de sa disparition. Elle me dit ses projets de costume dix fois conçus, dix fois modifiés ; ses essais timides sur sa grande vieille poupée d'enfant, et elle me les passa tous en revue : d'abord un simple vêtement de femme turque, rose et rouge, avec un *iachmak* doré sur la figure ; puis un page de cour qui lui avait valu de dures remontrances maternelles ; et encore d'autres, en femme de Bosnie, d'Herzégovine, de Valachie, si curieux quoique si simples. Enfin elle s'était arrêtée, pour le moment, à la bergère, une manière de Watteau oriental avec du rouge, du vert, du violet et de minces bandes métalliques qui couraient partout. Soudain elle questionna :

— Je ne vous ai pas demandé s'il vous plaisait ? »

Comment ne m'aurait-il pas plu ! Je lui affirmai qu'il était ravissant. Elle paraissait tenir beaucoup à mon opinion sur ses idées, sur ses interprétations artistiques dans les moindres détails, et, dans ces conversations, Paris, qu'elle ne connaissait d'ailleurs pas, revenait souvent sur nos lèvres.

J'entrais ainsi doucement dans sa vie, m'abandonnant avec délice à l'attrait de cet incognito qu'elle m'avait prié, supplié même de respecter, pleine de petits gestes effrayés quand je faisais mine de vouloir le percer. Curieusement elle prenait un soin scrupuleux à ne pas se laisser voir, à dissimuler le plus possible son visage sous son loup bleu à frange, refusant de se prêter à toutes les ruses que j'employais pour lui faire entr'ouvrir son écran de satin, — jusqu'à ses cheveux qu'elle était arrivée à cacher en partie sous une adjonction peu orthodoxe du costume. Cependant, malgré toutes ces précautions, un mouvement involontaire, la poussée d'un voisin pendant que sa main arrangeait je ne sais quoi, me montra le nid mignon d'une fossette au menton. Imprudent, je lui fis part de ma découverte en la complimentant, mais elle en fut très chagrine et me pria de ne pas être, à l'avenir, aussi attentif à ses moindres gestes.

... Jeune, elle l'était; jolie, je l'aurais juré. Inconnue..., et pourtant sa voix chaude comme son haleine, son buste bien pris, à la fois frêle et fort que j'avais étreint de longues heures, dans les vertigineuses enlacées des danses; ses yeux de velours, à la fois rieurs et tristes, rusés et candides qui m'avaient déjà souvent parlé mieux que ses lèvres ; une partie de sa vie qu'elle m'avait laissé entrevoir en menus détails, en réflexions spontanées ; ses pensées généreuses, poétiques, délicates, pleines de captivante sensibilité m'étaient si bien connus !

Elle avait refusé de me dire son nom et je n'avais pas insisté ; je l'appelais *Bergerette*, par allusion au costume sous lequel je l'avais connue, et qu'elle portait encore. J'ignorais même sa nationalité qu'elle avait évité avec soin de me révéler. Elle parlait ma langue avec une parfaite correction de forme et, dans l'accent, à peine une pointe d'orientalisme due à l'habitude des langues locales toutes très chantantes : mais cet imperceptible défaut lui était comme une qualité. Son âge, elle me l'avait dit sans en énoncer les chiffres : dix-huit ans était la limite qui avait été fixée pour son entrée dans le monde des fêtes hivernales et elle venait de débuter.

Cette parole, qu'elle m'avait arrachée, me pesa bien vite comme un engagement que je craignais de ne pouvoir tenir. De plus en plus, au fur et à mesure que j'entrais dans son intimité, je me trouvais faible à l'idée qu'elle pouvait disparaître en me laissant dans mon ignorance. Elle m'avait fait beaucoup trop dit pour ne pas me faire désirer ardemment savoir plus. Mais, de toutes les causes de ma fiévreuse impatience, ce mystère même dont elle paraissait vouloir s'envelopper était, peut-être, la plus puissante.

La soirée s'écoulait ainsi côte à côte, et chaque heure, chaque minute ajoutait quelque chose à la connaissance que j'avais d'elle : cependant je ne la connaissais pas !...

Nous en étions venus à causer simplement, comme de vieux camarades qui se voient tous les jours, amplifiant tout à coup des idées de la veille, reprenant des discussions interrompues depuis longtemps ; nous connaissions nos tempéraments, nos tendances, jusqu'à nos travers, nos petits défauts que nous nous critiquions sans reproche, sans conseil, plaisamment. Mais je ne la connaissais pas ! Familière par le cœur et l'oreille, j'ignorais encore son visage, cette porte entr'ouverte sur l'âme, et cela finit par me rendre stupide de fou désir, d'irraisonnée nécessité de la voir...

Se rendait-elle compte du travail de mon cerveau, de mes efforts pour contenir mon insupportable attente ? Je le crus ; avant de nous quitter, vers quatre heures, elle me dit d'une voix calme :

— Je crois qu'il vaudrait mieux que je ne retourne plus au bal. »

Alors, sur le point peut-être de devenir brutal, de violenter cette âme candide qui ne demandait qu'à garder son énervante mais délicieuse réserve, je me fis humble, soumis, résigné à tout plutôt qu'à la perdre. Je suppliai doucement, osant à peine parler, amollissant ma voix pour la mettre au diapason de la sienne si posée, et je ne la quittai pas sans en avoir obtenu la promesse formelle de nous revoir bientôt.

Oh oui ! quel indéchiffrable chaos que le cœur humain !

« Aux bals suivants, — ils furent nombreux, cette année, dans la capitale du Grand Turc, — je n'eus pas besoin de chercher Bergerette. Je la savais là, quelque part dans la foule, attendant le moment propice pour accourir, ou se dénoncer si elle avait quelque engagement provisoire. Elle me faisait alors, derrière son loup bleu, un signe imperceptible, me montrait certain mouchoir brodé que je connaissais bien, et je l'attendais. Car après le deuxième bal elle changea de costume. Elle en changea même malgré ma prière, malgré la crainte, puérile peut-être, que je lui exprimai, que le costume n'emportât avec lui un peu de ce qui avait été à mes yeux et à mon cœur, pour la première fois, Elle, — un ensemble bien défini de détails extérieurs dont les plus minuscules étaient restés dans mon souvenir comme autant d'essentielles, inséparables parties de son image même. Mais elle n'en avait tenu aucun compte. D'ailleurs toujours adorable dans ses travestissements successifs, elle se montrait aussi réservée dans le vêtement que dans les idées, correcte en tous points dans sa tenue comme dans ses manières et son langage.

Ne me quittant jamais, une fois à mon bras, nous avions déjà passé, l'un près de l'autre, bien des moments délicieux, pleins d'un charme nouveau pour moi, — pour elle aussi, je l'espérais dans ma vanité d'homme, — moments que j'appelais de tous mes vœux, auxquels je pensais sans cesse, et pas un mot d'amour n'avait encore été échangé entre nous. Elle semblait même éviter tous les sentiers dangereux de conversation dans lesquels elle aurait pu être entraînée malgré elle, m'interrompant subitement pour placer une idée qui m'emportait ailleurs, suscitant mon inquiétude par une faiblesse simulée ou m'appelant à la danse. Elle rompait une à une, de cette façon, toutes les mailles filet dont je cherchais à l'entourer. J'étais trop attentif à saisir les moindres occasions de m'avancer pour ne m'être pas aperçu de suite de son manège.

Quelle crainte la tenait à cette excessive réserve ? Pourquoi, de mon côté, ne forçai-je pas cet étrange blocus, ou, au moins, ne me décidai-je pas à un assaut en règle de cette place inabordable ? Etait-ce appréhension de ne la voir pas répondre comme je l'aurais souhaité, de la blesser, ou de la perdre même ? Je ne savais... Pourquoi aussi cet anonymat qu'elle tenait absolument à garder ? Pourquoi n'avait-elle jamais reçu, en ma présence, les hommages d'admirateurs ou d'amis, subi ce chaperonnage inquiet et discret de sœurs aînées, de frères ou de cousins ? Que craignait-elle à me montrer ses traits, à me faire connaître sa famille, son nom ? Toutes ces questions assaillaient mon esprit, martelaient mon cerveau, et mon impuissance à y répondre me mettait au supplice, me jetait dans un état mental impossible à définir où toute ma logique se trouvait noyée.

Un soir que je la sentis agitée à mon bras, prise de tressaillements subits, d'incomprises langueurs, j'amenai la conversation sur les sentiments, l'exquise sensitivité de la femme, et je vis que du général j'allais passer au particulier; mais elle m'arrêta, la parole brusque, énergique, quoique douce :

— Parlons d'autre chose, voulez-vous ? »

Et je sentis ses larmes, à travers ses paroles.

Je la calmai en parlant de banalités. Nous passâmes en revue tous les costumes brillants qui défilaient devant nous, dont elle fouillait les détails avec une entente parfaite de cette science d'accommoder les chiffons que possède seule la Parisienne. Elle oublia vite la crise passée ; tel un enfant qui arrête ses larmes devant une tartine de confiture, la moindre diversion la remettait dans son état normal. Tout de suite même, subissant, après son effroi, comme une réaction à me voir mettre les pieds sur un terrain qui l'effrayait, elle devint plus enjouée que de coutume.

... Depuis l'issue de la seconde soirée un peu de calme s'était fait en moi. Je m'étais promis de me maîtriser, de vaincre mon entraînement et de me laisser aller au gré des choses, de l'impérieux hasard, de la volonté de cette émouvante amitié de Bergerette. Elle me donnait un bonheur nouveau, un bonheur qui me pénétrait tout entier, pourquoi lui aurais-je demandé davantage si elle ne pouvait donner plus ? Mais je me faisais ces beaux raisonnements hors de son action directe, et, lorsque je la revoyais dans le scintillement des lustres, dans l'air capiteux du bal suivant, je sentais fondre toutes mes résolutions, disparaître toute ma puissance ; j'étais emporté, inerte d'esprit, dans le courant des forces ambiantes. Aussi, quoique l'appelant de tous mes vœux, j'étais arrivé à craindre cette intimité trop souvent répétée, cet abandon prolongé de mes sens dans son atmosphère, et j'étais effrayé à l'idée de manquer, possiblement, en un moment né des circonstances, de la générosité dont doit user, en pareille occasion, tout galant homme. Mes principes, donc, appuyés par la parole solennellement donnée, avaient résisté à une rude épreuve : je m'en étonnais quand, dans les milieux suggestifs où je la rencontrais, où je passais, à ses côtés, de si bonnes heures d'oubli, j'arrivais à démêler, dans le désordre de mon esprit, une fugitive lueur d'examen de moi-même.

Une nuit, tout à coup, au milieu d'une valse dont l'harmonie, peut-être, avait touché au point exact d'équilibre de mon agitation intérieure, une envie folle, irréfléchie, inexorable me prit de découvrir le secret de ce cœur si ténébreux, de sonder les détails si bien gardés de son intime personnalité. Je la regardai ; son œil, perdu dans le grouillement polychrôme du bal, semblait ne pas voir autour, mais au dedans d'elle. Que la plume est parfois impuissante à rendre certaines impressions ! Sur le satin bleu de son loup je ne voyais que l'éclat ordinaire de ses prunelles noires avec le rayonnement lumineux qui allait rejoindre les lustres en haut, mais je le voyais d'une façon que je ne puis exprimer, je crois, avec l'aide de ce sens obscur qui nous relie tous, à des degrés divers, les uns aux autres.

— Avez-vous déjà aimé, Bergerette ? » lui dis-je doucement, la main autour de sa taille, tout en continuant de tourner.

— Peut-être....

— Peut-être aimez-vous encore ?

— Je vous prie..... ne me posez pas de ces questions. »

Et elle s'arrêta, en même temps qu'elle dégageait son bras dans un mouvement d'inquiétude subite.

— Sortons, mon ami », demanda-t-elle en en m'emmenant rapidement. Je gardai sa main dans la mienne à mon bras et nous fûmes bientôt dehors, silencieux mais troublés l'un et l'autre. L'air était vif, piquant, un air de décembre brumeux et froid, qui venait, à la porte, de fouetter brutalement nos pensées; et cependant je sentais sa main brûlante à travers le gant de peau.

— Rentrons», dis-je après un instant, « c'est une imprudence. » Nous rentrâmes, et elle resta à mon bras sans rien dire, méditative, sans volonté, tandis que je la menais au hasard de mes pas à travers les groupes remueux de danseurs.

Quelle humaine sensitive qui se repliait en elle-même au plus léger attouchement! Quelle fleur animée qui fermait son calice d'idéales sensations à la plus effleurante main !

Quel travail se faisait donc dans ce cerveau si impressionnable qui vibrait, au moindre souffle de sentiment, comme une harpe éolienne sous la caresse d'un doux zéphyr?

Etait-ce l'action directe de ma question qui avait provoqué ce mouvement d'humeur triste et incompréhensible, ou bien celle-ci avait-elle rouvert une blessure récente ? Si jeune, Bergerette aurait-elle déjà vu déflorer ses naïves croyances ? J'étais aussi perplexe qu'ému, mais je me taisais comme à l'approche d'une crise qu'un mot pouvait provoquer.

Elle ne fit plus aucune allusion à l'incident passé mais demanda à se retirer de bonne heure, invoquant une subite fatigue.

Comme de coutume, je la quittai au milieu du bal, sans chercher à la suivre, après qu'elle m'eut rappelé ma parole comme si elle avait craint soudain de m'y voir manquer. Elle venait de quitter mon bras, elle me cria d'une voix tranquille :

— La prochaine fois *je vous dirai* ; à mardi, au bal des Petits-Champs, je serai en Arménienne, un costume ravissant... vous verrez... »

Et elle disparut dans le va-et-vient de la foule.

Je restai là, quelque temps, à la même place, sans pouvoir penser ni grouper mes idées, comme inerte, et je sortis plein de tristesse, la tête vide.

« Ce mardi arriva lentement, — oh ! combien lentement ! — L'aiguille du temps qui marche parfois si vite, au-delà de notre désir, semblait, cette fois, s'être immobilisée. Enfin tout arrive fatalement et j'étais, de bonne heure, rendu aux Petits-Champs, brûlant d'impatience.

Le bal ouvrit, comme d'habitude, à dix heures et, rapidement, la grande salle de théâtre, inondée de lumière, s'emplit d'une fantasmagorique poussée de masques et de costumes éclatants. J'allai longtemps, fouillant, avec l'inhabileté de l'attente inquiète, la mêlée bruyante des premiers instants aux environs de l'entrée, où le flot d'arrivants semblait intarissable par les portes largement ouvertes. Dans le vestibule, où les commissaires étaient en fonction, perdant la tête, il y avait comme un remous de vie, et c'était là que j'espérais voir mon loup bleu, avec les personnes de sa famille dont je ne connaissais même pas encore les silhouettes. Mais il faut croire que le hasard se mettait aussi de la partie, car je ne l'aperçus point. Alors je pensai qu'elle était dans la salle à me chercher et je m'enfonçai dans la foule. Soudain je sentis une légère pression à l'épaule et, avant que j'eusse eu le temps de me retourner, ma mystérieuse Bergerette était à mon bras.

— Me voici, » dit-elle simplement ; « m'avez-vous attendue ? »

Je lui dis ma fièvre ; elle reprit :

— C'est mon costume ; comment le trouvez-vous ? »

Elle était ravissante, en effet, comme elle l'avait promis, avec sa petite toque écarlate à longue houppe blanche de soie floche sur la tête, sa veste courte de velours noir à doubles manches de soie pendantes posée sur un corsage large, à peine entr'ouvert autour d'une fine dentelle froissée ; avec son ample pantalon de satin vert, à la turque, tombant sur une mignonne paire de babouches ; — tout cela piqué, constellé, sillonné de détails d'or et d'argent, de paillettes, de franges, de dentelures, de broderies, de torsis éclatants. Puis, l'immuable loup bleu.

Par caractère elle ne sollicitait pas le compliment ; je ne lui en fis pas. Je lui dis seulement, ce qu'elle savait mieux que moi, que son costume était riche et bien conçu.

— Dois-je féliciter la couturière ? » ajoutai-je.

— Mais oui, c'est moi », répondit-elle en souriant.

Ces petites banalités obligatoires me mettaient déjà au supplice. Elle m'avait fait une promesse, vague à la vérité : « *je vous dirai* », mais qui touchait à un sujet trop palpitant pour que je n'en fusse pas émotionné. La « prochaine fois » c'était ce moment même qu'elle avait voulu choisir, l'heure qu'elle avait fixée pour répondre enfin à mon violent désir, et l'un et l'autre étaient venus.

Déjà j'avais vu dans son costume plus ouvert, moins enveloppant, qui laissait à découvert, sa nuque brune toute entière, son cou admirablement flexueux et ses cheveux noirs dont les dernières mèches se détachaient en capricieuses et folles volutes sur la blancheur pâle de sa peau, j'avais vu comme le premier mouvement du voile qu'elle m'avait promis de lever. Au fur et à mesure que les minutes s'écoulaient je sentais croître mon malaise, et, peu à peu, la conversation tomba. Mon cœur battait fortement, mais il y avait maintenant, dans mon état, plus d'angoisse que d'impatience et de fièvre. Pourquoi ? Je n'aurais su le dire. J'étais remué comme à la veille d'un grand bonheur ou d'un grand malheur ; mais s'il m'avait fallu choisir entre les deux, me prononcer pour l'espérance ou la crainte, je crois que c'est cette dernière que j'aurais envisagée.

Bergerette s'en aperçut, car elle me questionna :

« — Vous paraissez ému, mon ami ; qu'avez-vous ? »

Je lui avouai un peu de vague inquiétude,

que je ne comprenais pas moi-même, puis je dis :

— Vous souvenez-vous, Bergerette, de votre promesse ?

— Oh oui ! Je m'en souviens », répondit-elle soupirante.

— Entendez-vous dire que vous la regrettez ?

— Non certainement ; je puis craindre et reculer l'échéance d'une promesse faite, mais je ne la regrette jamais.

— Merci ; vous savez avec quelle joie j'accueillerais la moindre preuve de confiance que vous voudriez bien me donner. Ne protestez pas, je vous prie ; je me suis mal exprimé. Je sais que les heures nombreuses que vous m'avez données près de vous, au cours de notre déjà longue connaissance, mystérieuse derrière votre loup bleu, sont une preuve même de cette confiance ; mais je vous demande plus. Vous n'ignorez pas dans quel état d'esprit je les attends, ces fêtes qui me mettent à vos côtés ; vous savez aussi combien votre rencontre a changé ma vie — une femme ne s'y trompe jamais —, pourquoi alors me refuser de vous connaître entièrement ? Pourquoi ne pas me laisser vous parler comme je le voudrais ? Ai-je manqué aux engagements que vous m'avez demandé de tenir ? Ai-je cherché à apprendre ce qu'il ne vous a pas encore plu de me dire ? Soyez bonne jusque dans vos répugnances, si vous en avez, et laissez-moi vous voir, vous exprimer mes sentiments que je ne saurais garder plus longtemps, et savoir les vôtres. »

Elle ne me répondit pas et je la sentis frissonner.

C'était le plus beau bal de la saison ; la chaleur, dans l'arène, était étouffante, — chaleur du gaz, chaleur humaine. L'air était traversé en tous sens par d'enivrants parfums, d'exquises senteurs qui se dégageaient de chacun des masques et se mélangeaient aux capiteuses et subtiles émanations féminines. Il me sembla qu'il n'y avait jamais eu tant de monde. Le mouvement, la fascination des costumes et des bijoux dans le tournoiement des danses, l'éclat des chairs palpitantes, le coudoiement troublant des bras nus, et le problème vivant de mon petit loup bleu à frange prêt, peut-être, à se résoudre, tout cela m'avait mis dans un état indéfini qui n'était ni de la jouissance ni du malaise, mais une agitation profonde qui me remuait, qui bouleversait toutes mes impressions, confondait toutes mes idées.

Bergerette, silencieuse devant mon attaque directe, m'avait d'abord paru assez calme, mais je sentais qu'elle se faisait obstacle.

Subitement elle m'entraîna ; on valsait ; nous nous lançâmes dans la foule, et je fus comme pris de rage, je tournai follement, sans un mot. Elle dut m'arrêter..., je ne m'étais pas aperçu que la musique venait de cesser.

— Décidément ce soir quelque chose se passe en vous, » me chuchota-t-elle en reprenant mon bras. » Est-ce influence, car je me sens, moi-même, prise d'un étrange malaise. Dites-moi, viendrez-vous au prochain ? »

Je crus avoir mal entendu. Cependant c'était bien cela ; devant mon mutisme elle répéta :

— Viendrez-vous au prochain bal ? »

Mais quoi ? Elle allait donc partir, me laisser là, m'abandonner à mon indescriptible état ! J'étais comme fou, mais d'une folie sourde que je sentais couver sous la peau. J'aurais voulu lui crier mon anxiété à pleins poumons, et voilà que j'étais immobilisé comme par une force impérieuse. Il est de ces états de l'âme si complexes, si subtils et forts à la fois, si inaccessibles à notre entendement, dont on ne saisit pas les causes et dont les effets même échappent à l'interprétation des phénomènes habituels, dont les directions, les intensités sont autant d'inconnues, si extraordinaires, qu'il n'est possible à aucune langue de les peindre, à aucune plume de les décrire. J'éprouvais des violences intérieures qui semblaient battre mon crâne, prêtes à s'exhaler ; j'aurais voulu ouvrir la porte à tous ces bouillonnements, et j'étais soumis d'apparence, de mouvements, de paroles. Je répondis seulement :

— En ai-je manqué un seul où vous avez été ?

— Non, mais je ne sais quelle crainte me hante de n'y être pas moi-même ; il me semble que je ne vous verrai plus, que je vais partir pour un long, long voyage, quelque part bien loin..... d'où l'on ne retourne plus. Oh ! ne me trouvez pas ridicule, je sais combien je suis absurde, mais je ne sais pas dominer mes impressions et je ne puis les raisonner puisque je ne les conçois pas. Tâchez de me comprendre et ne m'en veuillez pas. »

Et, tandis qu'elle parlait, je sentais sa voix faillir derrière son loup bleu, sa main s'agiter à mon bras.

A cette subite et inattendue évocation du néant tout mon sang sembla refluer au cœur et je fus pris d'un visible tremblement, remué par mille pensées noires. Saisi, je ne répondis pas de suite et j'essayai de penser. Bergerette était nerveuse, faible, sensible comme ces fleurs éphémères qui ne vivent qu'une heure, mais point visionnaire. Cependant pourquoi cette idée me bouleversait-elle moi-même aussi profondément ? Elle ne me perdait pas des yeux et elle comprit mon angoisse.

— Vous voyez, dit-elle, nous sentons de même tous les deux, et, vous aussi, vous venez de m'entrevoir bien loin : ne dites pas non, j'en ai ressenti moi-même comme l'écho. Cependant je me sens assez bien, en ce moment du moins, mais on ne sait pas... Voulez-vous que nous ne causions pas ce soir, encore ; accordez-le moi, je vous prie.

— Vous savez que c'est malgré moi », balbutiai-je entre autres paroles quelconques avec lesquelles je la réconfortai, je la conseillai, sans résultat d'ailleurs, car après un instant elle reprit :

— Pourquoi chercher à surmonter une idée qui me domine depuis longtemps et que je vous avais cachée ? Je suis absurde, je le répète, mais je ne le suis que d'apparence, subissant une impulsion irrésistible.

Regardez-moi, maintenant, bien dans les

yeux et quittons-nous. Je vais rentrer; je ne sais où sont les miens, mais j'irai seule à leur recherche, soyez sans inquiétude. Si vous quittez le bal aussi, après moi, vous me ferez plaisir ».

Je pris sa main dégantée qu'elle me présentait, elle me parut pâle ; j'y déposai un long baiser, et elle disparut dans la foule en me disant, avec un regard de ses yeux humides : « A demain ».

. . . .

« Mon cher ami,

« Sitôt rentrée, ce soir, je veux vous écrire. Je ne me sens aucune fatigue physique, mais une grande dépression morale. Mes pressentiments m'ont reprise, plus forts que jamais, et, en ce moment même, il me semble que je vais m'en aller doucement, disparaître, m'évanouir comme ces flocons blancs dans le ciel bleu. Pourquoi donc suis-je venue sur cette terre s'il m'est réservé de la quitter au moment même où je commence à comprendre le but de la vie ? Je proteste et cependant je me crois injuste.

Car, en réalité, n'aurai-je pas été plus heureuse, même en quittant le monde à mon âge, ayant ignoré, de l'existence, et les difficultés, et les luttes, et les chagrins, que beaucoup qui en ont joui un nombre plus considérable d'années? Si l'on pouvait représenter la vie moyenne de l'homme par une expression numérique correspondant à une somme donnée de sensations, c'est à ce nombre qu'il faudrait se référer pour savoir l'âge vrai *vécu* par une personne. Aurait beaucoup vécu celui qui aurait beaucoup *senti*, et vécu heureux celui dont la somme des sensations agréables se montrerait supérieure à celle des autres. C'est ainsi, je le répète, que je suis injuste à protester. J'ai vécu beaucoup et, je crois, autrement que les autres. Mes impressions, les bonnes surtout, se répercutent au fond de moi en mille échos, de telle sorte qu'elles sont durables longtemps encore après la cause, non pas comme un souvenir, mais dans un état vibrant. Tenez, savez-vous quelle est la plus longue période de ma vie? Elle tient dans les deux mois qui viennent de s'écouler. C'est vingt ans qui sont passés depuis. Mais ici je manque de courage, et, à ce dernier moment, à ce moment suprême si mon affreuse hantise se réalise, je me retrouve bien *moi* avec mes insurmontables faiblesses que vous connaissez et dont vous souffrez depuis longtemps, je le sais. J'ai été cruelle envers vous en vous refusant de m'ouvrir votre cœur. Mais pourquoi ? Ne le connaissais-je pas ? Ne se confondait-il pas, dans ses vibrations, avec le mien propre ? Il me semblait que leur communion aurait perdue de son intégrité, de sa pureté, mise en paroles communes, humaines. Vous le voyez, c'est un aveu. Maintenant pardonnez-moi ; on pardonne tout aux mourants. Demain je *sens* que je ne serai plus. Venez me voir pour conserver le souvenir de mes traits que vous ne connaissez pas, et je vais dormir, moi, peut-être mon dernier sommeil avec les vôtres sous les yeux.

« Gardez mon loup bleu et n'oubliez jamais votre

BERGERETTE ».

rue Serkiz, 15.

« Cette lettre, qu'on me remit le surlendemain matin, avec un paquet, — le loup bleu à frange blanche, — me tomba des mains et un épouvantable déchirement se fit en moi. Ce premier moment de stupeur folle passé, comme un insensé je courus à l'adresse qui m'était donnée, au numéro 15 de cette rue

Serkiz. La maison était tendue de noir ; noires aussi, la table sous le porche, les tentures dans les escaliers ; noirs, les gens qui montaient et descendaient. Je continuai, sans voir autre chose, sans rien savoir, sans rien entendre, et je me trouvai dans une chambre sombre, silencieuse, avec du monde et des cierges autour d'une forme blanche étendue....

... Maintenant je la vois : c'est Elle ! Elle, ma petite bergère inconnue, ma mystérieuse vision des longues soirées, mon loup bleu, ma Bergerette aimée qui me montre, pour la première fois dans la mort, son visage froid et inanimé, belle comme je l'avais vue en rêve, de la beauté des anges.

Je pris une de ses mains, pâle, allongée sur le drap couvert de fleurs d'oranger, et je pleurai là longuement, anéanti, complètement assommé par la douleur.

Comment me retrouvai-je chez moi, le soir, je ne l'ai jamais su. Mais lorsque je me reporte, par la pensée, à cette époque à la fois si courte, si délicieuse et si douloureuse de ma vie, j'entrevois, dans un vague souvenir, une longue file recueillie derrière un corbillard disparaissant sous un monceau de fleurs des vierges, et sur un tertre, dans le champ tranquille des morts, un homme pleurant... »

Telle est la fidèle reproduction de la dernière confidence que je reçus de mon ami X.., avant de quitter la capitale turque.

Il est allé, depuis, rejoindre sa Bergerette.

Constantinople, Janvier 188.

PAGODE CHINOISE

PAGODE CHINOISE

Quatre corps de bâtiments construits en bois, de style chinois mélangé de chalet suisse, peints extérieurement en marron ; donnant sur la rue, quatre colonnes soutenant une petite véranda, les angles relevés en forme de galère antique, les arêtes aiguës pointant le ciel surmontées de dragons dorés, de serpents ailés, de détails d'architecture barbare ; le tout bien entretenu, luisant, peint à neuf, sentant le vernis, — propreté du pays, — et le vétivert, tel est l'aspect sous lequel se présente à moi la première pagode chinoise que j'ai le plaisir de contempler.

A l'entrée, des deux côtés de la porte très simple, sont deux lions en granit d'un peu plus de grandeur naturelle, dans la gueule monstrueuse de l'un desquels se voit une boule détachée de la pierre par la plus incroyable patience de l'artiste, travaillée, arrondie intérieurement par la seule ouverture étroite des lèvres. C'est une des principales curiosités que l'on montre au voyageur descendu à Singapoure depuis une heure, et j'avoue, étant donnée la parfaite régularité du petit globe de pierre dans sa matrice, que l'on reste étonné devant cette *chinoiserie*.

Le toit de la véranda est établi en étages superposés illustrés de toute la série de figures brunes ou dorées, grotesques, grimaçantes, incompréhensibles des déités indigènes.

Dans la cour, dallée, assez grande, où l'on pénètre d'abord, deux immenses urnes de bronze, au bords élevés, tiennent le milieu et servent aux fidèles à brûler des papiers colorés grossièrement en rose, salis de taches de dorure et de barbouillages d'ocre jaune, — papier qui se débite à la pagode même.

Donnant sur la cour, se trouve, à gauche, ouverte de tous côtés, la salle des prières, sorte de hangar très spacieux, au plafond soutenu par des colonnes de granit sculpté, et d'autres d'un bois noir très dur, très brillant, de l'ébène peut-être, magnifiques de dimensions et de rectitude. Là des lampes nombreuses tombent du plafond et de grands chandeliers massifs, allumés les jours de fête, supportent de fines bougies végétales, odorantes, fichées sur des aiguilles de bois rose. Les murs, des deux côtés, sont couverts d'insignes, d'inscriptions multicolores, d'ex-voto, — un entassement d'objets où l'on ne distingue guère que le brillant de la soie, l'éclat de l'or et de l'argent. Celui de face forme autel et au fond, dans une niche profonde absolument encombrée de mille ornements de soie verts, rouges, dorés, frangés, drapés, de longues écharpes couvertes d'inscriptions tombant d'en haut, courant dans tous les sens, les trois dieux barbus apparaissent au milieu d'un amoncellement de détails dont la liste complète exigerait un volume. L'un des trois, me dit le guide, — gardien affecté à la pagode et parlant très bien l'anglais, — est le dieu des femmes. Il n'est pas beau et fort rébarbatif avec sa virgule de poils noirs, raides, au menton, et ses yeux en amande. Les petites chinoises viennent ici, comme dans l'Inde en certains temples renommés, à la fête de Siva, lui demander la fécondité dont elles sont privées, et les bonzes, comme les brahmes, concourent peut-être pour leur bonne part à exaucer les vœux des fidèles mal mariées.

Sur l'autel, dans une élégante corbeille carrée en argent massif, sont plantées des centaines de minces bougies odorantes dont les vieilles cendres forment le lit où elles reposent. Enfin d'autres chandeliers lourds, immenses, montant bien au-dessus de nos têtes, des boîtes de baguettes augurales que nous allons voir fonctionner, de longues et magnifiques bannières de soie, deux cerbères grimaçants en bois noir gardant l'entrée de la niche, et, en dehors, le gardien de toutes les richesses qui sont accumulées là et dont on ne voit, paraît-il, que la plus infime partie, — espèce de monstre à forme humaine, à tête horrible, la face convulsée, droit au milieu d'une grille de fer arrivant à mi-corps et une hallebarde à la main, — complètent ce que la vue peut discerner nettement de ces mille choses du culte entassées dans ce coin, comme en une liquidation de bazar parisien.

Dans un angle de la pièce, on voit, sous un dais, divers appareils des cérémonies et de longs bâtons à crosse qui servent aux processions d'importance, parmi lesquels je découvre une véritable hallebarde d'ancien suisse.

Immédiatement derrière la salle commune et sous un autre corps de bâtiment plus petit, se trouve l'autel principal où un prêtre officie en ce moment. A côté, sans intervalle ni séparation d'aucune sorte, vient la boutique où trois Chinois vendent des objets religieux : des cahiers de papier doré à brûler dans les urnes que nous avons vues dans la cour d'entrée, puis sur une table de comptoir, en piles, petits et gros, des cahiers ou feuilles détachées, marqués de grands et de petits carrés argentés ou dorés, surmontés de mots bizarres en lettres latines, SEANCVOH et SEANOPOHOHEATO, à côté de monceaux de ces bougies odorantes qui se plantent partout. Enfin, derrière, s'étalent, en paquets, d'autres cahiers de papier jauni plus grands que les premiers, dont les feuilles ne portent, au milieu, qu'une pellicule carrée de papier argenté, et des prospectus, de petites brochures où les étranges hiéroglyphes de l'écriture chinoise s'alignent, de haut en bas, dans d'étroites colonnes tracées.

De l'autre côté, sans aucune distinction avec l'autel qui occupe le milieu, une petite chambre parait être le logement d'un des bonzes ; elle est garnie, ou plutôt bourrée de meubles et de tentures rouge et or, de formes européennes, tous cognés les uns sur les autres, sans ordre ni régularité.

Ces trois divisions s'ouvrent, dans un passage à ciel ouvert, sur toute la hauteur de la construction, sans portes, comme une crèche à trois loges.

Sur l'autel il y a une autre niche et la répétition des mille objets de l'autre sanctuaire, groupés sans symétrie, et, au milieu, un dieu en bois noir, celui-là jeune et beau de figure, richement vêtu, plein de grâce et de dignité dans la pose. Sur la table, qui arrive à la limite du toit protégeant les trois chambres, des centaines de bougies laissent échapper, d'une combustion lente et discrète, des fumées délicieusement parfumées.

Partout le silence le plus complet.

Mais le bonze commence et je me tiens muet, immobile derrière lui. Rasé entièrement, revêtu d'une longue robe aux manches trop grandes dont la couleur noire primitive a tourné au gris par l'usure, il se tient, la tête baissée, aussi impassible que le dieu de bois qu'il a devant lui. A la main il a un livre de prières et il chante une mélopée en quelques notes toujours répétées, dont le rythme va croissant jusqu'à la reprise lente, scandée, des mêmes paroles qu'il accompagne en cadence, du bout d'une baguette de bois rouge, sur une sorte de demi-calebasse noire, sculptée, qui rend un son creux de tête de mort. De temps en temps, un coup sec, sur un gong de cuivre suspendu à gauche, interrompt le chant, pendant que les cinq doigts de la main gauche s'élèvent à la hauteur de la tête dans un mouvement d'invocation.

Et le chant recommence, troublé, par intervalles, par les sons métalliques du gong qui résonne longuement.

L'office est fini, et, pendant que le bonze se retire gravement, un Fils du Ciel, qui est resté immobile dans un coin depuis le commencement de la cérémonie, s'avance, prend entre ses mains une des deux boîtes de bambou qui renferment une cinquantaine de baguettes plates sur lesquelles deux signes sont marqués à l'encre, et les secoue de sa hauteur jusqu'à ce que l'une d'elles tombe. Alors il dépose la boîte sur l'autel, ramasse la baguette, la met à côté de la boîte, prend des deux mains, en les unissant, deux morceaux de bois convexes à l'extérieur, plats à l'intérieur, exactement semblables, et les laisse tomber à terre. Il consulte les augures avant de commencer un travail, d'entreprendre une affaire ; et il recommence le même manège cinq fois.

Si les deux pièces de bois tombent toutes deux du côté plat, il n'y a rien de fait ; toutes deux sur la partie convexe est un mauvais présage ; mais l'une d'un côté, l'autre de l'autre, est d'une signification favorable. Les baguettes, avec les signes qui y figurent, — peut-être des symboles cabalistiques, — sont là pour influencer la valeur de l'augure, en atténuer la menace muette ou augmenter la somme des bons présages. Le consultant céda sa place à un autre, et s'en alla satisfait, si tant est qu'on pût lire la satisfaction sur sa figure impassiblement jaune.

Une grande quantité d'objets du culte sont renfermés et ne sont exhibés que dans certaines occasions, pour les enterrements par exemple où il est fait un déploiement considérable de pompe. Il est vrai qu'ils coûtent fort cher : celui d'une des notabilités de la ville se paya, tout dernièrement, vingt mille piastres, la bagatelle de quatre-vingt mille francs.

En sortant, j'entrevois, à gauche, la cuisine des bonzes, avec une respectable rangée de chaudrons de toutes dimensions qui montraient bien l'étendue des besoins gastronomiques de ces serviteurs des dieux, et je me retrouve dans la rue populeuse, grouillante, silencieuse, au milieu d'un fourmillement de longues queues noires s'agitant sur des dos blancs ou jaunes.

Singapoure, Juin 1889.

TUNIS
AU MOMENT DE L'OCCUPATION

TUNIS

AU MOMENT DE L'OCCUPATION

C'était pendant l'investissement de la Tunisie par nos armées lancées à la poursuite des Kroumirs, et la répression de l'insurrection générale qui avait suivi notre intervention armée. Le drapeau tricolore n'avait pas encore flotté sur les remparts de la capitale et la population se trouvait, vers les derniers temps avant l'occupation surtout, dans un état d'inquiétude maladive. Les événements les plus insignifiants, les moindres faits isolés partant des murs de la ville ou de ses environs, le moindre mot mal interprété, défiguré en passant de bouche en bouche, grossi par la crainte, devenaient l'objet de commentaires sans fin, le point de départ de mouvements populeux, de réunions publiques où l'on se regardait avec effroi sur l'assurance que de grands événements, — on ne savait pas lesquels, — allaient certainement se passer.

Cet état devenait intolérable et ne pouvait durer.

Nous étions au 14 août.

Les nouvelles arrivaient mauvaises des villes du littoral devant lesquelles les vaisseaux de notre escadre évoluaient. A Sousse, les soldats du général tunisien Baccouch s'unissaient aux villageois révoltés ; le terrible cri *djehed*[1] retentissait parfois, isolément, mais dénotant bien l'état des esprits, et le commandant anglais du « Monarch » devait y débarquer trois cents hommes pour favoriser l'embarquement des chrétiens fugitifs. Les agents consulaires d'Italie menaient partout une conduite louche. Vers l'*Enfida*, les *Ouled-Saïd* et toutes les autres tribus étaient en mouvement, ayant à leur tête le caïd *El hadj Bel-Ouar*, nommé grâce aux intrigues d'un juif, Youssef Lévy, — l'âme noire de bien des scènes de cette insurrection. Tous les environs de Monastir et de la Mehdia étaient soulevés, et dans Kairouan, la ville sainte, régnait la plus complète anarchie. Enfin cent villages se nommaient des beys auxquels ils reconnaissaient une autorité absolue.

Le 15, à La Goulette, une vingtaine de forçats,

[1] Guerre Sainte.

armés de fusils et de couteaux, s'échappèrent du fort où ils étaient internés, répandant partout la terreur. J'étais là, ce jour, un dimanche, errant aux abords de la ville et je rentrais, vers 4 heures, pour reprendre le train de Tunis, après une journée d'ennui. J'allais déboucher sur la place quand un cri immense, cri de terreur et de panique, s'éleva de tous côtés, et le pavé, autour de moi, fut balayé comme par un ouragan, — une tourmente de révolution. La place demeura déserte. A peine, le long des murs, voyait-on se dissimuler quelques silhouettes; ici et là des portes et des fenêtres se fermaient violemment; une femme se montrait, les traits bouleversés par la crainte, à la recherche d'un enfant ou d'un homme, puis rentrait subitement, angoissée, dominée par la peur, par l'instinct de la conservation. Et je restai debout, ignorant et perplexe, attendant pour savoir et pour prendre une résolution. Soudain, pendant que je regardais à droite, déboucha par une rue de gauche, un grand diable armé de quelque chose de brillant, poignard ou baïonnette, qui venait droit sur moi. Je m'écartai rapidement, et il passa comme une flèche, enfila la ruelle que je venais de quitter et disparut. Cela ne m'apprenait rien, car je n'avais pas reconnu le forçat, mais je crus nécessaire de me mettre à l'abri. Je pris par une rue parallèle à la place où était le Consulat de France à la porte duquel je frappai bientôt. On m'ouvrit lentement, après quelques minutes, et enfin je fus introduit.

Quel spectacle bizarre ! Des hommes et des femmes parlant tous à la fois, criant, pleurant, levant les bras au ciel, s'accrochant aux barreaux de la fenêtre par où se voyait la place ensoleillée, silencieuse et déserte. En haut, un bruit d'armes, un cliquetis de guerre, des allées et venues de gens qui ont perdu la tête. Et impossible de savoir ce qui se passait. J'interrogeai autour de moi, on ne savait pas ! L'un parlait de son frère ou de son mari qui ne devait pas s'être mis en sécurité assez à temps, et gémissait ; l'autre, une femme, appelait ses enfants qu'elle disait dehors. Les gens de la maison, je ne les trouvai pas ; je montai mais n'osai frapper à une porte d'appartement, ne connaissant personne, et préférai attendre. Enfin un quart d'heure se passa qui parut bien long, et on ouvrit après l'arrivée d'un émissaire qui avait apporté des nouvelles. Alors chacun se montra prudemment, regardant de tous côtés, encore plein de crainte, puis la place se trouva, en un instant, envahie par la foule des gens cachés qui sortaient de toutes les issues.

Dehors seulement j'appris que tout ce mouvement, tout cet effroi, toute cette panique absurde avaient été causés par une vingtaine de vagabonds qui fuyaient loin de la ville, cherchant à se dérober aux poursuites et à échapper aux recherches de la police déjà partie sur leurs traces. Quel bruit de ruche d'abeilles jusqu'au départ du train du soir, à la gare, dans les rues, dans les boutiques, aux fenêtres, partout !...

Le 21, à Tunis, on pendit quelques malfaiteurs dans un enfoncement situé au pied d'un talus de terre, vers l'extrémité de la rue des Graines, et cela sans bruit, sans monde. Dans l'état d'anxiété où se trouvait la population c'est à peine si elle s'occupa de cet incident

Les jours passaient, cependant, sans amener les changements toujours attendus pour le lendemain. C'étaient les Arabes, les fameux Kroumirs, qui s'avançaient vers la ville et voulaient s'y retrancher, disait-on. Nul ne savait au juste, d'ailleurs, ni d'où ils viendraient, ni ce qu'ils y feraient. On prétendait qu'il en rentrait, chaque jour, un peu par toutes les portes, et on était persuadé que ces rebelles se réunissaient ainsi lentement dans la cité pour se montrer un jour très proche. On avait surtout peur de ce manque de nouvelles ; on craignait le silence qui s'était fait autour des murs pendant qu'une de nos armées circulait, dans l'Est, à la poursuite des insurgés. Alors on évoquait le spectre des pillages acharnés, des boucheries sans nom, de ces épouvantables représailles auxquelles se livrent les Musulmans sur les chrétiens, au nom de la guerre sainte.

Puis c'étaient encore les Italiens qui se remuaient, se concertaient, criaient, et, exaltés par leurs feuilles nationales, renvoyaient toujours une action qu'ils décidaient chaque matin sans résultat, par petits comités d'ivrognes, dans l'obscurité humide et fumeuse des tavernes. En réalité, ils buvaient ferme, se donnaient quelques *coltellate*[1] et attendaient sans rien savoir, sans rien faire, toujours dans l'expectative du lendemain.

Cependant, au moment de la date anniversaire des « Vêpres Siciliennes, » il y avait eu, par les rues, des cris de mort proférés ; les murs, dans certains quartiers, avaient montré des menaces sanglantes à la craie rouge : « Vivent les Vêpres Siciliennes »,

---

[1] En italien « coups de couteau ».

« Mort aux Français », et les rassemblements étaient devenus plus nombreux, plus mouvementés, plus menaçants, mais les mécontents ne faisaient toujours rien.

Ce fut un moment critique mais qui disparut aussi vite qu'il était venu.

Pour tout dire il y avait encore eu le jour du 14 juillet pendant lequel l'effervescence latente faillit prendre une tournure plus effective. On recevait, le soir, au Consulat de France, après le dîner officiel suivi d'un bal, — on dansait ! par hygiène morale probablement ; — les jardins étaient délicieusement illuminés, sous les couverts de verdure, au moyen de lanternes colorées qui faisaient, au milieu d'une nuit calme, sombre, le plus pittoresque, le plus charmant effet ; et je n'ai pas oublié y avoir vu, au cours de ma promenade digestive, malgré les myriades de molécules crochues, menaçantes, qui circulaient dans l'air, des groupes isolés de deux, très rapprochés, s'en aller, se dissimulant dans l'ombre, en maltraitant un peu les plates-bandes... Sur la promenade de la Marine il y avait une foule : toute la colonie italienne était là, et on avait parlé d'émeute, de bagarre, d'une réédition des fameuses Vêpres. On se promenait donc lentement, se surveillant du coin de l'œil, une main dans la poche du pantalon où se cachait, pour beaucoup, une arme prête à accomplir une œuvre terrible, dans cette nuit noire. Tous parlaient bas ; il y avait de l'émotion dans la brise faible qui passait sur les têtes, et cette silencieuse houle humaine, dans le calme émouvant de l'attente d'une catastrophe, avançait sans se coudoyer, comme si d'un seul attouchement avait dû naître l'étincelle attendue qui allait en jeter les éléments les uns contre les autres.

Je crois qu'il n'y eut, malgré tout, rien de positivement décidé chez nos adversaires. La colonie italienne, à cette époque, était tout ce qu'on pouvait trouver de moins homogène. Avec un noyau très orthodoxe qui se contentait de montrer son mécontentement de voir notre immixtion aux affaires de Tunisie dans les réunions de salon, par patriotisme ou *panurgisme*, mais qui se tenait très bien à la rue, par éducation, conservant ses bons rapports apparents avec nous, et un petit groupe d'indifférents, de bons, parmi lesquels je comptais des amis, il y avait, à Tunis, un peu de l'écume sociale de tous les coins de la Méditerrannée, un ramassis de rastaquouères de bas étage, tous plus ou moins *chevaliers* d'un ordre royal, — ou plutôt *industriel*, — quelconque, qui n'auraient pas demandé mieux qu'une échauffourée sous couleur politique où ils eussent pu, à leur aise, exercer leurs talents. Mais le courage n'est pas, en général, la principale vertu de cette classe qui demeura toujours, ici, dans une prudente et muette expectative.

Un forain audacieux avait, malgré l'état des esprits et les bruits qui circulaient, osé planter sa barraque presque en face du Consulat ; il dut se contenter de voir s'agiter le flot humain montant et descendant en vagues noires. On songeait à tout autre chose qu'aux distractions de foire ! Et je m'amusai beaucoup de sa mine piteuse.

Enfin la foule s'écoula comme elle était venue, en silence, et il ne resta de la soirée, le lendemain, qu'un peu d'étonnement et beaucoup de satisfaction dans les regards.

Le 31, dans la petite ville de La Goulette, une panique indescriptible avait encore éclaté, causée par cinq chasseurs français et un capitaine détachés de la colonne Corréard qui venaient de *Hammam-el-Linf* pour apporter des nouvelles. Les marins du La Galissonnière furent débarqués et les troupes, campées près du jardin de Khereddine, se portèrent au nombre de 400 vers la Place de l'Arsenal et la porte, tandis que le Tromblon se postait de manière à balayer la route qui conduisait au pont de Rhadès. Cependant une cinquantaine de maraudeurs avaient aussi été aperçus dans les environs.

Il y avait alors, autour de Tunis, Ali-bey et son camp aux environs de *Medjez-el-Bab* ; un camp de *Zouaouass*, ou zouaves, près des remparts ; à *El-Mlassin*, près de la porte *Bab-el-Rapta*, environ 500 hommes, et, à la *Manouba*, à quelques kilomètres, un camp français avec 250 hommes du 27e chasseurs, une batterie d'artillerie, trois escadrons du 1er hussards et une compagnie du génie.

De tous côtés on blâmait le peu d'activité de notre action ; les forts étaient, en somme, inoccupés et les sept portes de la ville gardées par des factionnaires nu-pieds qui tricotaient des chaussettes !

Les communications avec l'Algérie étaient coupées.

La petite colonie française, elle, se taisait, attendait, tout en se préparant aux événements ; mais elle restait calme et digne par sagesse. Ce n'était pas cependant sans avoir pris quelques précautions, — on n'en saurait jamais trop prendre ; — chacun s'était armé et n'en continuait pas moins son petit train-train de vie, allant paisiblement au travail, attentif aux moindres nouvelles mais les appréciant à leur valeur. Ce calme contrastait même singulièrement avec la bouillante, inutile attitude des Italiens, des Maltais et l'épouvantable peur des Juifs.

Je me souviens que nous nous retrouvions, chaque jour, à la table d'hôte française, chez la « mère Varocquier », comme nous l'appelions familièrement, — une vieille, vaillante et honnête française, à Tunis avec toute sa famille depuis de longues années sans y avoir fait fortune. Nous y étions toujours aussi gais; les nouvelles, agrémentées de plaisanteries, volaient d'un bout à l'autre de la salle par-dessus les têtes, on les attrapait au passage, comme on attrape un bon mot, on les commentait avec verve, et les saillies du « Parisien », un mécanicien télégraphiste dont l'esprit ne faisait pas mentir l'origine, allumaient de longues fusées de rires.

Est-ce que nous n'avions pas le temps de devenir sérieux et de froncer les sourcils !

Et puis on se sentait en France, dans la longue salle remueuse pleine de vie bruyante et gauloise, sous les yeux aimables et devant la vénérable barbe blanche du père Varocquier qui surveillait le service. Il n'y avait pas jusqu'à la pétulante jeunesse du brave garçon Luigi, Maltais plein de feu dont le français barbare nous égayait à temps perdu, qui ne fût à l'unisson de notre insouciante apparence : « Luigi, di l'ou ! »... et les carafes arrivaient, quoiqu'on ne bût pas d'eau.

Puis nous allions prendre le café « en face », ou « à côté », — un motif de division pour nous. Dans l'un, c'était un Italien sans convictions qui vendait des confiseries en montrant sa jolie et pâle fille, tandis que l'autre boutique, où nous nous retrouvions pour attendre « l'heure », était tenue par une Française très aimable.

Dans le clan des hommes mûrs, cependant, on pensait plus longuement, on méditait un plan de défense pour le cas où les Arabes auraient fait irruption ou quelque danger aurait surgi. Le quartier où presque tous nous demeurions, qui prenait le commencement et tout le coin de gauche de la rue *Sidi-Morgiani*, avec des impasses faciles à barricader et où nous pouvions nous isoler pour une défense éventuelle, était l'objet, de leur part, d'une étude approfondie. Ils envisageaient les événements possibles, se concertaient, et décidaient de faire ceci dans telle éventualité, puis cela dans telle autre. Mais tous ces beaux plans un peu en l'air, au clair de la lune, quand nous nous retrouvions ensemble entièrement libres et dégagés de toute préoccupation administrative ou commerciale.

Il y avait même un certain capitaine à l'air martial, large d'épaules et droit comme un I, ancien écuyer du dernier Empire, débris emporté par le vent de la fortune sur les plages tunisiennes, qui, au besoin, aurait pris le commandement des opérations. Tous les soirs, promenant en dedans de la Porte Marine, il nous montrait ce qu'on ferait si on y était obligé ; pointant de son doigt les toits du quartier et menaçant un peu les étoiles, il nous développait tout son plan, avec de grands gestes terribles, en homme qui a vu de près les forts mouvements d'armée. Il s'enflammait alors un peu, « mon capitaine », sous sa mouche impériale, à l'idée de reprendre du service à la tête d'un bataillon de civils, devant une légion de mauricauds, et il faisait sonner haut les expressions de métier en frappant du pied le pavé de la rue solitaire.

La population arabe, de son côté, restait impassible, indécise qu'elle aurait été, peut-être, si elle eût dû se tourner d'un côté ou d'un autre. Mais il n'aurait pas fallu s'y fier, le cas échéant : au fond de tout Musulman, si placide et si décidé qu'il soit à l'inaction, il y a la haine du chrétien, comme, sous la cendre, une braise prête à se rallumer au moindre souffle. Autour de la Porte Marine il y avait, tous les matins, le même grouillement de burnous blancs et de turbans multicolores ; les rues n'avaient seulement que moins de mouvement, et, à cela près, on n'y voyait rien de changé. Au pied des murs, c'étaient toujours les mêmes *hammals*, roulés dans leurs nippes de laine souillées, un paquet de cordes aux pieds, attendant un fardeau à porter et sommeillant, les jambes croisées, ou buvant de l'huile dans le creux d'un pain d'orge bourré de piments rouges. C'était la même foule bariolée et colorée des fellahs et des citadins où l'on distinguait les grands chapeaux de paille des montagnards, les turbans noirs des juifs, les verts des *hadjis*, — musulmans sanctifiés par le voyage de la Mecque, — les marchands de nattes promenant leur marchandise, le *dellali* criant le dernier prix d'une enchère en plein vent, et, de loin en loin, le cône doré et les jambards argentés de quelque juive hardie.

Les *souks*, les bazars, étaient, le matin, toujours populeux, sombres dans leurs boyaux étroits couverts de nattes; celui « des étoffes », avec les vives couleurs de la soie et du coton gisant, pendant partout, se mêlant en un imbroglio fantasmagorique, faisait de loin, toujours l'effet d'un tuyau magique d'enfant ; celui « des parfums » toujours plein de ses odeurs enivrantes de rose et d'encens. Les marchands maures, assis sur de minuscules tabourets au milieu de leurs échoppes microscopiques, en partie recouverts par leurs marchandises mêmes, — de riches étoffes, des burnous, des cierges, des armes, des cuivres ciselés ou repoussés, — étaient là, impassibles et graves, à moitié endormis, attendant la pratique comme au beau temps de la paix.

Il y eut, dans cette population indigène, un peu d'émoi et elle poussa quelques cris le jour où un jeune *moucre*, un ânier, fut assassiné en dehors des murs, au moment où il rentrait en ville. Mais ce fut tout.

Si elle parlait, c'était surtout dans les cours des maisons, dans les *djemââ* — les mosquées de quartier, — au fond des cafés arabes, doucement, tous groupés à terre et serrés comme s'ils avaient agité de vastes complots. Un peu comme les Italiens qui se remuaient bruyamment au fond de bouges noirs en se gorgeant d'alcool, les Arabes s'excitaient avec calme dans les boutiques en sirotant du café.

Mais dans la colonie juive l'épouvante était à son comble. Les femmes ne sortaient que très peu ; l'on ne voyait plus leurs groupes bizarres, nuages de gazes éclatantes, brillantes, piqués de vert, de rouge et surmontés des petits cônes céphaliques ; on ne rencontrait plus leurs volumineuses personnes s'avançant avec prudence sur leurs jambes éléphantiaques, leurs guêtres dorées et leurs petits souliers d'argent. Les hommes avaient des airs effarés de condamnés attendant une exécution capitale et, sur les places, on pouvait suivre leurs yeux timides et apeurés cherchant, dans les groupes matineux, les nouvelles de la nuit qu'ils paraissaient tout étonnés d'avoir passée sans encombre.

Ils traversèrent, ainsi, avant l'occupation de la ville, une longue, cruelle période de craintes latentes et de frayeurs subites. Combien de fois, sur le moindre indice, la plus insignifiante et vague nouvelle, l'alerte sonna-t-elle dans leurs rangs ! C'était alors une épouvantable fuite, renouvelée de celle d'Egypte : on fermait à peine les boutiques dans le bazar, et toute la famille gagnait la station du chemin de fer de La Goulette. Les hommes marchaient vite, criant ou marmottant des prières ; les femmes se hâtaient, derrière, les bras encombrés de petits juifs à calottes, tout blancs, et de paquets des hardes précieuses; les enfants suivaient à la course. D'autres, frappés de peur, laissaient leurs magasins ouverts ; ils charriaient précipitamment les caisses, les meubles, les effets, au point du jour, et allaient entasser le tout autour de la station. D'autres encore, sous une révolte de leur nature, pris de remords, de l'horrible crainte de perdre quelque chose, revenaient au galop, rasant les murs, sauver ce qu'ils pouvaient de leurs marchandises souvent livrées déjà au pillage par leurs bons amis Musulmans. Certains prenaient des charrettes et fuyaient au pas le plus rapide de leurs bêtes vers le port ; et, sur la route, on voyait comme l'exode de toute une population surprise par quelque catastrophe soudaine, un tremblement de terre ou une révolution.

A la gare ce furent des cohues terribles : les trains étaient pris d'assaut, on se battait, on se renversait, on voulait fuir quand même. Ah ! les inénarrables scènes de désolation, les cris, les effrois, les pleurs que virent les murs de cette petite gare italienne ! les entassements, les grappes humaines pendues aux portières des voitures qui devaient être dégagées par la force, les hommes dispersés à coups de trique ou de crosse de fusil, les femmes arrachées de tous les points d'appui où elles s'étaient désespérément cramponnées. Et ceux qui restaient ainsi, quand même, se dispersaient, couraient dans tous les sens pour aller se retrouver, avec leurs coréligionnaires, sur le chemin du salut, la route du port ; ils abandonnaient leurs bagages ou les confiaient à d'autres moins épouvantés qui se résignaient à attendre, sur place, le départ suivant.

Puis, à La Goulette, ils s'étonnaient de n'avoir appris aucun massacre et, le naturel avide, la folie du gain reprenant le dessus, surmontant l'effroi, ils revenaient vite se remettre au commerce, tâcher de compenser le temps et l'argent perdus. Mais, à la première alerte, c'était la même fuite irréfléchie, insensée.

Les familles bourgeoises, surtout italiennes, prenaient toujours quelques précautions, le soir, en prévision de ce qui pouvait arriver la nuit, mais elles menaient leur existence habituelle ; on y faisait de la musique, on y chantait, on y *guitarait* même et, pour chasser l'inquiétude, les jeunes flirtaient. Ainsi on oubliait un intant les nuages noirs que l'on voyait ou croyait voir à l'horizon. Tous causaient aussi beaucoup; chacun rapportait de la rue son contingent de nouvelles sans fondement, et on se quittait en se disant : « *Ce sera, peut-être, pour demain.* » Ces nuits ne se passaient cependant pas dans une calme quiétude ; on se retirait tard et on ne dormait guère que d'un œil, quitte à se rattraper le jour. Il y avait quelques optimistes, dans le nombre ; ceux-là ne croyaient à rien et on les appelait « les philosophes ». En l'occurrence ils furent les malins.

Les nouvelles du dehors arrivaient donc toujours sans ordre, se contredisant toutes, l'une sur l'autre et, en réalité, nous ne savions où on en était, ni ce que faisaient nos armées et les Kroumirs. Tantôt on disait nos troupes proches, prêtes à entrer à Tunis ; puis elles s'enfonçaient dans le Sud, nous laissant sur leurs côtés, et c'étaient alors des périodes d'affaissement ; tantôt on parlait de bandes d'insurgés qui, refoulés, venaient, par petits groupes, se perdre dans la capitale.

On vivait, en réalité, dans une parfaite ignorance, au milieu du gros public, et dans une expectative irritante des événements.

Le 10 septembre, des troupes débarquèrent à Sousse, environ 1.600 hommes, et la population se tranquillisa, bien que de nombreuses bandes d'Arabes circulassent encore aux environs. Le canal de Zaghouan, qui nous apportait l'eau à Tunis, fut coupé par les rebelles, mais on le répara peu de temps après. Au Bardo il y avait du mouvement : démission du premier ministre Moustapha et son remplacement par Mohammed Khasnadar ; des bruits d'abdication du Bey circulaient même et on parlait de son successeur, lequel devait, à son tour, abdiquer, après quelques jours, en faveur d'un autre.

Enfin, jusqu'au 27 septembre, jour où le camp d'Ali Bey fut attaqué à Medjez, rien de positif ne se décida qui nous fut connu, mais, de plus en plus, on parlait de l'occupation de la ville comme prochaine.

Le 1er octobre arriva, comme un coup de foudre, la nouvelle que la gare de l'*Oued-Zargua*, à 86 kilomètres de là sur la ligne de chemin de fer qui rejoint celle de Bône-Guelma, venait d'être attaquée par les Arabes, saccagée, brûlée, et que son personnel tout entier avait été massacré. Quel douloureux effet nous en ressentîmes ! car plusieurs Français se trouvaient parmi eux. Le chef de gare, le malheureux Raimbert, ancien officier, chevalier de la Légion d'honneur, avait été le premier tué. On apprit que son corps fut déchiqueté, coupé en morceaux, puis brûlé par les femmes à qui, chez nos ennemis, étaient dévolues les plus horribles besognes. Sept des hommes d'équipe, Maltais et Siciliens, et deux de nos compatriotes encore, qui faisaient partie du personnel de la gare, subirent le même sort. Deux seulement réussirent à échapper : l'un en se jetant dans une citerne, l'autre en déliant ses liens, la nuit. A deux heures arriva le train de *Béja* apportant tout ce qu'on avait pu recueillir des victimes : une pelletée d'ossements noircis et brisés qui entraient tous dans un cercueil d'enfant !

La consternation fut partout. Ce n'était pas la première fois que les Arabes menaçaient nos postes de la ligne et rien n'avait été fait pour les préserver d'un coup de main, pour y assurer la défense personnelle et garantir la marche régulière des trains. On n'entendait, en ville, que récriminations contre notre lenteur, nos atermoiements ; nous nous accusions avec tristesse. Et, de même que les assassins de la Djedeida, comme aussi ceux du malheureux capitaine Mattei, le 3 juillet passé, les massacreurs de l'Oued-Zargua restèrent impunis. Je les ai encore dans les oreilles les sons lugubres de la marche funèbre que jouait, devant le défilé recueilli, je ne sais quelle musique dévouée, et le battement sourd des tambours voilés de crêpe !

Il nous vint ensuite des détails terrifiants de cette scène de meurtre, apportés par un des survivants qui, gardé par les Arabes pour être supplicié le lendemain, réussit à s'enfuir, la nuit, et à faire 22 kilomètres, mains et pieds liés, à travers les broussailles, pour arriver à Béjà : tous ces malheureux tués à bout portant puis charcutés, ou torturés et brûlés respirant encore ! Le fils de M. Varocquier qui se trouvait à la gare même l'avait heureusement quittée vingt minutes auparavant.

Enfin un jour, le 10 octobre, le matin vers dix heures, il s'éleva soudain une immense clameur d'enthousiasme derrière la Porte Marine, à l'entrée de la rue des Graines. J'étais là présent. Nous n'avions rien su, dans la matinée, de plus que la veille, et, tout à coup, une harmonie singulièrement douce à nos oreilles nous agita tous : c'étaient le tambour et le clairon de France qui menaient une joyeuse marche ! Nous étions émus, dans le groupe de Français qui venait comme de sortir de terre sur un coin de trottoir, nous avions tous voulu pousser un hourra d'enthousiasme, et tous nous étions restés muets : le cri demeura dans nos cœurs, au moment où l'armée défilait devant nous, déroulant le long serpent de ses bataillons, de ses équipages et de ses canons.

Tunis était investi.

Les troupes venaient d'entrer par la porte *Bab-Rhadra*. Il y avait le 61ᵉ et le 111ᵉ d'infanterie sous les ordres du général Maurand, un escadron du 1ᵉʳ hussards, 40 gendarmes et 4 pièces de montagne, soit en tout 1.300 hommes qui allèrent camper non loin du Consulat de France, sur la promenade de la Marine. Les forts, les deux fortins extérieurs, celui de *Borj-Rapta* ainsi que la Kasbah furent occupés par deux mille hommes.

Il y eut sur le moment, dans le premier coup de la surprise, comme une explosion, quelque chose d'impossible à décrire parmi les juifs. Ils s'embrassaient, ils chantaient, ils dansaient, ils criaient et trépignaient sur place. C'étaient l'exultation du bonheur, la folie de la joie. Toute cette populace qui ne vivait plus, depuis si longtemps, que dans une continuelle angoisse, frappée dans ses intérêts, dans sa tranquillité, dans sa nature, rêvant de massacres la nuit, le jour de pillages et d'assassinats, ne savait plus comment, par des gestes et des cris, manifester sa joie.

Je reçus bien, pour mon compte, sur le trottoir même, une demi-douzaine de changeurs, de marchands du souk, de trafiquants que je n'avais jamais vus, mais qui, me sachant Français, se jetèrent à mon cou pour remercier, en moi, le drapeau de la France qui venait de les sauver...

Tunis, Octobre 1881.

UNE ARRESTATION MANQUÉE

UNE
ARRESTATION MANQUÉE

La journée du 29 juillet 1888 avait été très chaude sur la côte de Syrie, à bord de l'*Amazone*, de la compagnie des Messageries Maritimes. Tous les passagers, réunis sur le pont, n'avaient pas vu sans plaisir se développer le délicieux panorama de Beyrouth, et tous nous avions ressenti, à la vue de l'agréable mélange de ses maisons blanches à colonnettes et à vérandas s'élevant en étages éblouissants au milieu de jardins d'orangers, dans la tiède atmosphère d'un coucher de soleil d'Orient, comme une douce fraîcheur sous la peau.

Après avoir laissé passer l'ouragan de barques, de curieux, de drogmans, de portefaix arabes, grecs, turcs, maltais, à fez ou à turban, qui se déchaîne sur tout courrier qui arrive dans ces régions, j'étais descendu à terre, en bon voyageur qui sait utiliser son temps, car nous ne devions repartir que le lendemain soir, avec vingt-quatre bonnes heures de liberté.

Le lieutenant du bord et moi nous étions

allé dîner, le soir même, chez un ami commun, M. B**, Français des plus aimables depuis longtemps établi dans la ville syrienne, et nous avions passé la soirée ensemble à l'immuable café-concert, cliché d'Orient, où les mêmes orchestres bizarres, les mêmes bohémiennes blondes vêtues simplement et décentes, jouent et chantent les mêmes airs devant le même public fait des mille éléments sociaux du pays, dans une atmosphère alcoolique et fumeuse.

Mais quand on débarque, en cours de voyage, on ne doit pas être difficile sur le choix de ses distractions. Il était donc minuit passé quand nous nous présentâmes à l'embarcadère de bois où nous attendait le canot du bord. Sortant des ruelles étroites et mal éclairées qui viennent déboucher sur le quai, nous nous trouvions, là, dans une demi-obscurité. Près d'une barraque, un gardien de la Régie Ottomane des tabacs, enveloppé de son large manteau de laine brune qui cachait mal la crosse d'un long révolver circassien reluisant sous les rayons pâles d'un mince croissant de lune, dormait, allongé sur un banc, mais seulement d'un œil, car, à notre approche, il parut se soulever. A demi endormi aussi, un douanier turc, grommelant, vint nous reconnaître, et peu s'en fallut qu'il nous empêchât même d'arriver jusqu'à notre barque.

La nuit était assez fraîche ; lentement nous glissâmes sur l'eau noire, miroitante par places d'une phosphorescence intermittente et irrégulière, car les avirons semblaient parfois remuer des paillettes d'argent, parfois se perdre dans quelques touches blanches, lumineuses, ou plonger dans une mer d'encre. Le ciel se montrait sablé d'étoiles et étonnamment pur. Par moments, des bouffées d'une brise parfumée de fleurs d'oranger et de senteurs vagues de bazars turcs, nous enveloppaient d'effluves délicieusement caressantes. Derrière nous, la ville endormie ; des lumières scintillantes plantées un peu partout, grimpant à l'assaut de quelques masses sombres, en lignes droites, en paquets, en groupes brillants au ras du sol, éclairant des coins où l'on aurait cru voir des nébuleuses ; enfin des silhouettes noires se mélangeant entre elles, se fondant dans le voile de la nuit.

Au loin, devant nous, d'autres ombres sur lesquelles il semblait que des étoiles étaient venues, d'en haut, s'égarer.

La nuit porte au silence et à la méditation ;

regardant droit devant, silencieux, nous cherchions à deviner la forme de notre courrier dans les divers grands bateaux qui nous cachaient l'horizon et qui semblaient, avec la variété de leurs fanaux et de leurs lumières, comme autant de constellations. Progressivement nous nous en approchions et nous allions bientôt entrer dans l'ombre portée des flancs de fer de l'Amazone qui montrait, au-dessus de nous, se détachant bien sur la clarté diffuse du ciel, sa masse gigantesque. Il faut croire qu'il y avait alors en nous un peu de somnolence, d'assoupissement causé par la cadence régulière des avirons battant sur leurs fers et remuant l'eau tranquille d'un cliquetis monotone, car nous ne nous étions aperçus, ni l'un ni l'autre, que deux longues barques glissaient silencieusement dans notre sillage.

Nous n'y fîmes pas attention.

Mais aussitôt montés sur le pont, l'homme de quart, à la *coupée*, interpella le lieutenant au sujet de ces deux barques qui venaient de s'arrêter, comme nous, à l'échelle. Et nous vîmes dix ou quinze silhouettes s'agiter en silence, prendre la même route que celle que nous venions de suivre, jusqu'à la plate-forme à jour de l'échelle où elles furent enfin arrêtées par le marin de garde.

Sous le jour du fanal pendu à un cordage presque au-dessus de sa tête, nous reconnûmes un officier turc très galonné. Il avait une petite épée mince au côté, le fez crânement repoussé en arrière, les moustaches longues, relevées, menaçantes, et la figure presque noire sur laquelle le blanc de deux yeux sérieux ressortait bien. Il se mit à nous parler dans sa langue, brusquement, sans geste. Il serait même descendu sur le pont sans le gardien qui lui criait à tue-tête : « Francis ! Francis ! Sale Turc.... fiche-moi le camp ! » Mais l'autre ne bronchait pas. Avec les quelques mots de langue turque que je savais alors, je ne compris rien. Nous nous étions rapprochés, sans la moindre idée de la raison qui pouvait motiver cet envahissement, cette poursuite jusque sous le couvert du pavillon français.

Sans chercher à percer le mystère, comme un homme ensommeillé que rien n'intéresse, le lieutenant donna un ordre au matelot et ce fut avec peine que nous trois réunis réussîmes à faire rétrograder ces gens et à obliger l'officier, qui pestait et criait comme un diable, à descendre.

J'étais fatigué, j'avais hâte de regagner ma cabine, je souhaitai donc bonne nuit à mon compagnon et ne pensai pas autrement à cet incident qui, un moment, avait failli provoquer un réveil général.

Le lendemain matin, de bonne heure, le tableau noir de l'arrière ayant fixé le départ du bateau pour huit heures du soir, je me préparai à retourner à terre pour faire visite à quelques amis. D'ailleurs peu de passagers à bord : quelques vieilles dames peu curieuses et peu amusantes; de vieux employés fatigués et ennuyés, un gros monsieur très enflé : « douze ans de services dans l'armée autrichienne » ; un Américain, vrai quaker qui faisait un tour dans les pays « les plus curieux » ; deux Anglais empesés, deux capucins rivalisant de rotondité, deux ou trois gouvernantes avec une armée de bambines blondes, et des passagers de pont, sales autant que puants, des Grecs, des Juifs et des Italiens. Le gros des voyageurs, et, avec eux, mes connaissances, avaient déjà disparu.

Je descendis donc et, posant le pied sur une des nombreuses barques postées, au bas de l'échelle, à l'affût des voyageurs, je m'aperçus que mes deux longs caïques de la nuit étaient là en sentinelle, à la seule issue par laquelle on pouvait quitter le bord, montées par les mêmes ombres de la nuit qui m'apparaissaient alors nettement comme des gens de police.

Il y avait, à ce moment, attachés en bas à la plate-forme ou tenant les unes aux autres, en grappe, un certain nombre de barques, de caïques, affluence qui avait gêné probablement les mouvements de ces policiers, car on ne me dit rien et on me laissa prendre la mer. Je pensai qu'on en voulait au lieutenant.

Nous voilà dans la rade éclatante de soleil. En même temps que nous, les barques suspectes s'étaient détachées et avaient pris notre direction, d'abord d'un peu loin. L'officier était droit à l'arrière de la première, surveillant nos mouvements. J'ordonnai aux deux rameurs grecs de forcer à l'aviron le plus possible en leur montrant, de la tête, le groupe de fez turcs, derrière, comme un contrebandier qui cherche à échapper aux agents du fisc, et les longues barques en fuseau, à leur tour, s'enlevèrent aussitôt rapidement jusqu'à arriver tout près de nous.

Plus de doute, j'étais filé! Je commençais à être intrigué par cette poursuite mystérieuse, mais je n'avais qu'à attendre pour avoir le mot et le résultat de l'aventure qui, en somme, commençait à m'amuser. Je pensai d'abord à la police ordinaire du port qui croise, dans une petite barque à un ou deux rameurs, autour de tous les bateaux en rade, à la poursuite du *bakchich* plutôt qu'en quête de contrebande, ou des deux à la fois, mais je ne comprenais pas ce déploiement inusité de forces navales et policières.

— Bah! me dis-je, attendons! et, me retournant, je regardai l'officier en le saluant de la main. Il se tenait immobile, sévère et soucieux, dirigeant l'action comme un amiral devant les forces ennemies, à la veille d'une rencontre, et, sans me perdre de vue une seconde, il ne répondit pas.

En approchant de terre mes poursuivants m'avaient devancé, avaient sauté sur le débarcadère et, en groupe, m'avaient attendu tranquillement. Je débarquai : les hommes s'arrondirent autour de moi, l'officier s'avança et me dit quelques mots en turc sur le ton de l'interrogation. Dans l'impossibilité où j'étais, non seulement de lui répondre, mais de le questionner à mon tour, — ce que j'aurais fait tout d'abord —, je m'escrimai avec la langue universelle des signes, dans une mimique négative, sinon persuasive. Mais il n'entendit rien, et je n'eus pas mieux à faire qu'à le suivre, car il venait de prendre les devants en me montrant le chemin.

Toute la population paresseuse des quais, Grecs, Turcs et Arabes, s'était émue ; le douanier en fez rouge, l'air paterne, s'avança questionner mes gardiens, et le *koldji* de la Régie des Tabacs, celui de la veille, un grand bel homme à la mine martiale, les yeux enfouis sous une broussaille de cils et de sourcils, la bouche dissimulée sous une épaisse moustache rude, arriva, très grave dans son vêtement de bure chocolat qui cachait en partie tout un arsenal d'armes passées dans une large ceinture de cuir, me dévisager jusque sous le nez.

Je ne sais, aimable lecteur qui me lisez, s'il vous est arrivé de vous voir ainsi, tout d'un coup, sans grande préparation, sans connaissance d'un motif quelconque, entre des gens de police peu ménageurs par métier, devenu le point de mire de toute une population qui se livre sur vous aux plus extravagantes et cannibalesques conjectures ; sinon soyez persuadé qu'amusé d'abord de l'aventure, elle ne tarde pas à vous faire passer par toute une série d'émotions désagréables. Pour moi, je considérai, en ce moment, comme un avantage de me trouver en pays étranger : l'idée d'être honni par toutes ces figures basanées et balafrées des cicatrices du bouton d'Alep, rudes, grossières, sauvages, m'était assez légère ; mais je me demandais, en voyant les feux de salve de leurs yeux curieux, quel serait mon état moral en pareille occurrence dans un pays civilisé, le mien propre, par exemple, entouré d'une population où je me verrais menacé à chaque instant de rencontrer un ami ou un parent, et je devais reconnaître, parce que j'éprouvais qu'il ne pourrait positivement être que déplorable.

Par quelles épouvantables transes, par quelles longues tortures, alors, doivent passer ces victimes d'une erreur judiciaire, arrêtées, jugées et condamnées! Mais ce n'est pas le lieu de s'étendre sur ce que présente de douloureux le fait d'une pareille erreur, ni sur l'incroyable difficulté de modifier un jugement porté par nos impeccables tribunaux, ni sur l'ironique et extraordinaire silence des lois de *justice* qui ne reconnaissent aucun dédommagement, ni moral, ni matériel, à un homme martyrisé parfois pendant des mois sur un banc d'infamie, soumis à l'ignoble cohabitation des cachots, perdu d'honneur, de réputation, brisé dans sa carrière et souillé dans son nom...

Revenons à notre histoire.

Après quelques pas il y eut un arrêt, des

chuchotements, des hésitations ; apparemment on ne savait où me mener ni que faire de moi. J'essayai d'interpeller en grec un des curieux pour qu'il me servît d'interprète, mais je le vis regarder l'officier qui fit un signe négatif, et je compris que j'étais déjà... au secret.

Et pas un Européen à l'horizon, comme par une fatalité, car les allées et venues sont nombreuses sur les quais de Beyrouth lors de l'arrivée des courriers.

Enfin mon tortureur parut se décider ; il reprit la marche, me montra de le suivre et je fus dirigé vers le bureau de police du port, non loin de là. En route, quelques mots des curieux qui nous suivaient arrivèrent jusqu'à moi : « prisonnier... brigand... » Je m'appliquai le premier, mais le second ne laissa pas que de m'embarrasser. Je n'eus, d'ailleurs, pas longtemps à réfléchir car nous arrivions à une petite construction blanche, à un étage, posée sur les quais comme une sentinelle.

J'entrai seul avec l'officier qui laissa ses hommes à la porte en leur glissant quelques mots, — probablement une recommandation, — et je me trouvai dans un chambre carrée, mal tenue, garnie d'un sofa, d'une vaste table recouverte d'un tapis vert sur lequel se mêlaient des papiers longs, des timbres, des bouts de bambou pour écrire et, autour, de quelques sièges. Dans un coin, un plateau de cuivre avec quelques-unes de ces petites tasses à café turc un peu plus grandes que des dés à coudre ; plus loin, un narghilé dont le long tuyau, enroulé en serpent sur la carafe, allait s'accrocher aux barreaux d'une chaise.

— Qui êtes-vous ? » me demanda, dans la langue d'Homère, un grand beau Turc aux yeux noirs, à la figure intelligente, serré dans une longue redingote noire montante, le fez impertinemment posé derrière la tête. Je me fis connaître.

— Avez-vous un passe-port ? » continua-t-il, cette fois, en assez bon français.

Je lui exhibai mon grand papier jaune au soura du Sultan qu'il examina très attentivement, avec un air quelque peu surpris, tout en continuant à me faire subir un interrogatoire en règle que j'interrompis en demandant à être conduit vers mon consul, — puisque j'étais Français et non sujet ottoman.

— Le connaissez-vous, reprit-il ?

— Non personnellement », répondis-je, « mais je sais le moyen de me faire connaître, et, d'ailleurs, j'ai mon passe-port.

— Connaissez-vous quelqu'un en ville » ? me dit-il encore. Toutes ces questions étaient faites, maintenant, sur un ton de politesse suffisante et je dirai même peu ordinaire. Ce chef de police était décidément civilisé.

Si le soldat turc, sous ses misérables vêtements, bien souvent sans souliers aux pieds, est peut-être un des plus braves et des meilleurs d'Europe, il en est aussi le plus bêtement brutal, et il n'est pas rare de le voir commencer par assommer sa capture, quelle qu'elle soit, voleur ou assassin, sujet raïa, turc ou étranger même, à coups de pied ou de crosse de fusil, avant de se décider à l'emmener au poste. Et là ne finit pas le martyre. Quelles ignobles histoires n'ai-je pas entendues de jeunes écervelés européens qui, en joyeuse promenade le soir, avaient été emmenés, par une patrouille, dans ces repaires qui sont les postes de police des grandes villes d'Orient !

Je n'avais donc, en réalité, qu'à me féliciter de la façon dont j'avais été traité.

La dernière demande me parut bizarre. Entre la confiance officielle due au représentant d'une nation telle que la France dont l'influence est prépondérante en Syrie, particulièrement à Beyrouth, la garantie de mon passe-port au cachet du Sultan, et une simple connaissance en ville, c'était cette dernière que paraissait choisir mon grand Turc.

Je lui répondis en lui désignant mon ami M. B*** avec qui j'avais passé la soirée, la veille.

Mais je brûlais de savoir de quelle recherche j'étais l'objet ; je commençai plusieurs fois une question, mais le chef de police l'éludait ou ne répondait pas. L'officier, lui, était toujours là, derrière mon dos, immobile comme une statue, et tous ces gens calmes et froids me donnaient terriblement sur les nerfs.

— Allez voir M. B*** », dit-il après un moment de réflexion, « et dites-lui de passer à mon bureau ».

Je vis que c'était une grande décision qu'il venait de prendre. Je lui répondis que j'y consentais, mais à la condition de n'être plus accompagné comme un prisonnier dans les rues de la ville, que je ne comprenais pas que sur le vu de mes papiers il ne m'eût pas fait remettre en liberté aussitôt, et que j'allais immédiatement porter plainte à mon consulat.

Il me coupa la parole en souriant, le misérable, très calme, comme s'il eût voulu dire : « Puisqu'on ne vous a pas assommé en route, de quoi vous plaignez-vous ? »

Il dit quelques mots à l'officier et me salua en me disant :

« — Cela s'arrangera. »

Nous descendîmes et je me dirigeai vers les entrepôts et bureaux de mon ami, tout près, sans plus m'occuper des hommes de police. Mais, en route, je me retournai et m'aperçus que j'étais encore filé, par deux hommes, dont l'officier.

J'arrivai chez M. B*** qui s'amusa fort de ce que je lui racontai. Il sortit, parla à mes persécuteurs qui attendaient près de sa porte, et je le vis interposer entre eux et lui sa main fermée qu'il sortait de sa poche. Il venait de leur donner... le meilleur argument, en Turquie, pour se débarrasser d'un officiel importun : un bakchich.

« — Ah ça ! mon cher, me direz-vous enfin tout ce que cela signifie ? » lui demandai-je quand il revint près de moi ; « je vous avoue que je commence à être fatigué de ce mystère.

« — Bah ! laissons cela », répondit-il très vite en souriant d'une façon qui me laissait encore plus perplexe, « et dites-moi si vous connaissez l'événement du jour, celui qui fait en ce moment, dans les environs du port, l'objet de toutes les conversations, car les nouvelles vont vite, dans ce pays, vous le savez.

— Non, mais je vous prie.....

— Eh bien ! un chef de brigands célèbre sur lequel on ne pouvait mettre la main, que l'on cherchait depuis longtemps, vient enfin d'être arrêté.

— Pardon, à mon tour, laissons cela, » fis-je, un peu impatienté de ce qui me paraissait de l'insistance à ne pas vouloir répondre à ma question, « et dites-moi ce que me voulaient ces maudits fez de police.

— Mais... voilà, je vous le dis ; le chef de brigands..... c'est vous !

J'eus encore bien de l'ennui ; il me fallut de nouveau me rendre au bureau de police, faire intervenir d'autres personnes de ma connaissance, et je ne suis pas sûr qu'aujourd'hui, huit ans après cette aventure, on ne parle pas encore, sur les quais ensoleillés de Beyrouth la blanche, de l'arrestation d'un célèbre chef de brigands grecs qui tentait de s'enfuir par le courrier de France, l'Amazone.

En mer, Côtes de Syrie, Août 1888.

A LA MORGUE

A LA MORGUE

Est-ce bien le nom de curiosité qu'il faut donner à cette force qui nous attire vers les spectacles douloureux et les exhibitions malsaines, vers le mystérieux et le tragique ?

N'est-ce point plutôt une névrose sortie de cette course effrénée aux plaisirs, de cette absolue nécessité de jouissances matérielles qui caractérise notre siècle, une sorte de réaction cérébrale, de choc en retour moral qui dirige l'esprit à l'opposé des sentiments naturels ?

Voyez la Morgue, dernier écueil de la misère, du désespoir et du vice, qui devrait faire fuir et qui attire toute une foule avide ; voyez les tribunaux envahis par le peuple avec d'autant plus d'empressement que la cause à juger est plus effrayante, faite des plus incroyables détails, entourée des plus sombres mystères ; voyez, sur la chaussée, la multitude entourer le malheureux que l'on a retiré de dessous les roues d'une voiture ou du fond de la rivière, se hâter pour arriver à temps, s'écraser pour voir et rester là penchée, curieuse, des heures entières, sur la dernière goutte de sang ou d'eau qu'aura bue la poussière du sol. Pourquoi ce besoin d'émotions fortes, de sensations violentes ?

Qu'un homme soit l'auteur d'un acte de courage sans précédent, qu'il sauve vingt vies d'une mort certaine, (nos côtes n'en manquent pas de ces hommes-là !) qu'il sorte d'entre les pieds des chevaux emportés une fillette qui allait être mise en bouillie, ou qu'il aille enlever aux flammes une existence condamnée à la plus atroce fin, qui songera à aller voir cet homme ? Une autorité officielle, une société de gens de cœur, une individualité puissante et enthousiaste lui obtiendront une récompense ministérielle, il sera décoré, admiré de quelques-uns autour de lui ; les reporters lui consacreront quelques lignes de chronique locale, toujours précédées d'un titre élogieux, suivies de louangeuses appréciations, mais la foule, elle, avec sa sanction suprême, l'ignorera, ou si elle ne l'ignore pas, elle n'y apportera pas plus d'attention qu'à n'importe quel autre fait sans grande importance.

Mais que ce même homme tue un pauvre vieillard, qu'il le hâche ou le coupe en morceaux, qu'il soit l'auteur d'un horrible crime, et le lendemain on s'arrachera les journaux spéculateurs de cette curiosité. Pas une feuille bien informée n'omettra un seul détail du drame qui sera fouillé dans toutes ses plus tristes circonstances, remué, étudié sous toutes ses conjectures, étalé au grand jour comme si l'exemple devait en être propagé ; tous les chroniqueurs seront mis en campagne pour arriver à publier des éditions supplémentaires qui s'enlèveront comme la première, et il n'y a pas une personne au courant des choses du moment qui ne saura l'histoire sur le bout du doigt et ne perdra des heures entières à en parler dans sa famille ou parmi ses amis. Tous voudront voir, si cela est possible, l'auteur du crime qui devient le héros du jour. Que le premier soir montré en public, et le public passera outre ; il a bien autre chose à faire qu'à contempler un brave ! Mais que ce soit l'autre, le misérable qui monte à l'échafaud, et la fenêtre qui fait face à la place publique, devenue la place de justice, se louera à prix d'or ; une foule avide stationnera douze heures, s'il le faut, oubliant tout, la faim, le froid, le devoir, pour arriver à jouir de l'alléchant spectacle d'une tête qui tombe dans un flot de sang !

Que ce soit l'autopsie de la victime ordonnée publique, — si cela pouvait se faire, — ou une scène de confrontation dans la maison ou sur le terrain du meurtre, — ce qui se fait souvent, — et le peuple se ruera là, sur la place, en une vague humaine.

La victime, elle, sur les dalles froides de la Morgue, recevra les visites, comme en un grand jour de réception ; on ira se presser devant la triste vitrine et, à travers le verre, chacun cherchera à arracher à la dépouille étendue l'émotion de la scène de meurtre entrevue, concentrera toutes ses facultés représentatives pour y assister comme en rêve et se repaître de la sanglante vision.

Quoi de plus tristement probant que ce mur derrière lequel il s'est passé quelque chose et qu'une cohue de gens contemplent pour tirer de la pierre muette ce frisson d'émotion recherché comme une jouissance.

N'a-t-on pas vu, il n'y a pas bien longtemps, un homme... non, un monstre, trois fois assassin et voleur, devenir l'engouement du public, se faire, dans sa prison, aimer des femmes qui lui envoyaient du papier amoureux respirant l'espoir et le sentiment, admirer des hommes même qui le défendaient, désigné comme le héros du moment, et allumer d'interminables polémiques d'apitoiement autour de son nom ! Un autre, un tout jeune, à figure d'éphèbe, assassin d'une femme qu'il prétendait aimer, soulever un concert d'incroyables excuses pour son lâche forfait. Il y eut, il est juste de le dire, quelques voix pénétrées de justice pour crier à l'aberration ; quelques plumes autorisées qui eurent l'audace grande de s'élever contre l'outrage fait à tous les bons sentiments, de montrer l'extraordinaire voie dans laquelle on s'engageait, et elles furent heureusement entendues, comprises.

Jusque sur l'impeccable sanctuaire de la justice se voit cette curiosité nauséabonde, cette tendance à remuer toutes les impuretés malsaines des mouvements sociaux, sans motif souvent, par besoin de dissection morale, d'étude psychologique d'un malheureux qui vient d'avouer son crime, sa culpabilité entière, et dont on fouille parfois, malgré tout, la vie avec ses liaisons et ses relations les plus intimes, les plus naturelles, sans crainte de les salir, de les éclabousser inutilement pour le reste de la vie. Et cependant les hommes appelés à ces tristes fonctions, les magistrats auxquels est confiée la mission la plus difficile, la plus élevée de notre organisation sociale, ces délégués entre les mains desquels la société a remis, contre elle, la suprême autorité, doivent avoir le désir de s'arrêter au point strict que le devoir leur impose; l'écœurement doit les prendre souvent à cette continuelle besogne.

Et les journaux, eux qui devraient être toujours les modérateurs de l'opinion publique, les régulateurs de ses tendances, — comme ils le sont généralement, — pourquoi se mettent-ils alors à sa traîne ? Pourquoi se font-ils, malgré eux, les propagateurs de l'école du vice, les crieurs publics des misères humaines et des plaies sociales ? Les plaies physiques se dissimulent, on en a honte ; les plaies morales s'étalent au grand jour et l'on met en jeu, pour leur plus grande divulgation, tous les secrets de la réclame.

... Le voilà, en face la vieille et imposante cathédrale, ce bâtiment bas et rectangulaire, aux fenêtres closes et louches, aux murs gris et unis comme un suaire, maculés, poussiéreux, les pieds baignant dans le fleuve qu'il semble guetter en sentinelle. Il est isolé, comme à l'écart de la voie publique et un air de mystère paraît planer sur lui et l'envelopper. Les environs sont presque déserts.

Par les portes, largement ouvertes, on voit indistinctement un fond sombre et, devant, des tableaux de photographies : dernières dépouilles livrées sans nom à la terre, suprême devoir de la société pour ce qui a été des hommes pensants, des âmes humaines aimantes. Là des gens entrent, lentement, en flâneurs, puis en ressortent pensifs, marchant d'un pas vague, chuchotant et émotionnés. Des dames, en groupe, s'arrêtent et, après un regard d'ensemble, un recul d'hésitation sur le seuil, entrent doucement, avec de la crainte, de la curiosité pleins les yeux. Quand elles reparaissent, elles sont silencieuses, recueillies. D'autres, des passants, arrivent en hâte, comme pour aller faire une visite pressée, bientôt finie. Beaucoup ont l'air conviés à quelque cérémonie mortuaire ; on sent en eux la gravité involontaire que reflètent tous les visages au fur et à mesure qu'on approche de la chambre du mort.

C'est que là aussi la mort a jeté, sur tout et sur tous, sur les gens comme sur les choses, son voile de tristesse. Mais ici elle est lugubre. C'est la Morgue, ce bâtiment bas et rectangulaire aux murs salis en longues stries par les dernières eaux qui descendent vers la terre en traces de larmes; la côte où viennent échouer, chaque année, des milliers d'existences humaines parties pour être heureuses et tombées en route; le port où, comme dans un remous, le courant de la vie entraîne d'épouvantables épaves sur les dalles froides; le rendez-vous des victimes du crime et du suicide sous toutes leurs plus hideuses formes; le dernier chapitre de romans vécus autrement plus terribles que ceux qu'on écrit.

Entrons, suivons cet homme qui vient de jeter à la porte son bout de cigare d'un geste d'ennui et d'abandon, et, après la petite antichambre où pendent, seuls, les tableaux photographiques sans noms, nous nous trouvons dans une salle sombre où un jour trouble filtre par les côtés. L'humidité y est pénétrante, ainsi que cette odeur vague de salle d'hôpital qui saisit en entrant. On y sent la moiteur des caves qui suintent et on y éprouve la sensation qu'il faut marcher en silence comme dans un lieu de respect.

Les murailles en sont nues. Derrière de fortes glaces couvertes d'une légère buée humide, se voit la mort: en pente, sur les dalles de marbre gris, côte-à-côte, rigides sous leurs derniers voiles qui les recouvrent, — loques multicolores, vêtements de chacun d'eux, dernière propriété avant la tombe, — les corps s'allongent en montre, comme la marée à l'étal de la poissonnière.

Ici un homme ; ses mains sont crispées comme dans un dernier effort instinctif pour rattraper la vie qui s'échappait ; son corps est un squelette et sa face convulsionnée sous l'effet de l'ultime torture. Là, c'est une femme, les yeux entr'ouverts, le visage calme mais balafré de rides profondes, sillons de misère et de souffrance. A côté, un enfant qui semble dormir, croisant les bras sur sa petite poitrine comme pour la bien retenir, cette mort qui l'a délivré, peut-être, d'une vie malheureuse.

Plus loin, un peu à l'écart, comme pour éviter une souillure, une jeune fille allonge, sous son dernier vêtement, son corps de statue. Le visage est ovale, plein d'une sérénité douce qui la fait paraître endormie, souriante presque, et sa blancheur cadavérique seule révèle l'inertie dernière. Les mèches blondes d'une opulente chevelure s'échappent en désordre sous le poids de sa tête angélique, et retombent le long de ses épaules sur la poitrine dont elles accusent les formes pures, à peine épanouies. Un bras est libre, mi-nu, dégagé et arrondi sur elle comme par un mouvement de dernière coquetterie.

Quel inflexible sort a poussé là cette fleur de jeunesse à peine éclose ? Quelle mystérieuse cause a fauché cette vie à sa naissance, la faim ou l'amour, la honte ou le crime ? Quel sombre désespoir a eu raison de cette force d'espérance que la jeune fille a en elle à l'âge où l'existence doit lui sourire, quand elle est belle ? D'où vient-elle cette enfant ?

Nul ne le sait encore ; on l'a trouvée, un soir, dans une élégante chambre de rencontre, pas la sienne, entre un bouquet fané et un gant froissé, agenouillée devant une chaise, sa jolie tête blonde dans ses mains blanches et effilées, comme plongée dans une dernière prière.

Et ces autres, quels sont-ils ? Ce corps enflé a été retiré de la rivière où il surnageait, courant à la dérive, au fil de l'eau, venu de lui-même se faire accrocher par le grappin de fer : son pantalon bleu et son bourgeron étendus près de lui dénotent l'ouvrier. Victime de la question sociale, quel mobile l'a poussé à l'eau ? La désespérante misère ou l'ivresse folle ? Sa femme et ses enfants l'attendent peut-être toujours, et lui est là sur la dalle ! Et cet homme ensanglanté trouvé au coin d'une borne, les vêtements en lambeaux, qui dira le drame sombre de sa dernière heure ? Et cet autre, trouvé pendu avec, dans sa poche, un adieu froissé à une personne aimée, et, dans sa main crispée, une imprécation contre la société, sans nom, comme s'il eut eu une dernière honte d'elle ; est-ce aussi la misère, matérielle ou morale, l'une non moins terrible que l'autre, qui l'a conduit ici ?

Quel lugubre et effrayant tableau que ces restes inanimés offerts par force, par une nécessité de justice, à la curiosité des vivants !

Combien tomberont encore ainsi, vaincus et ignorés, avant que l'introuvable formule de la lutte pour la vie, si impuissamment cherchée, permette à tous de garder sa place dans l'incessant tourbillon ! Le voilà tout entier, le problème social, dans ces restes de ce qui fut des frères en humanité !...

Quel courage ne faut-il pas pour venir passer, par désœuvrement ou curiosité, cette terrifiante revue ! Mais non, il n'en faut point, à voir tous ces gens, jeunes et vieux, filles et femmes, pauvres et riches, poussés là par le seul désir de voir, l'unique satisfaction du goût.

La porte est toute grande ouverte : par nécessité le spectacle est public et ce n'est pas un des moins courus.

Les visiteurs, forts ou faibles, indifférents ou recueillis, émotionnés ou sceptiques, vont et viennent dans la salle froide entre les murs nus, pâles comme les corps qu'ils regardent. Voyons-les. Voici un homme gros et bien vêtu, entré par distraction, qui regarde de loin, impassible, et glisse un regard rapide, comme le coup d'œil d'un connaisseur pour la nouveauté ; mais il semble ne pas trouver ce qu'il attend et il sort. Voilà des jeunes, imberbes, qui, l'œil froid, allongent le cou dans les intervalles de la foule ; la pitié qui devrait les étreindre ne se reconnaît point sur leurs visages d'enfants indifférents : ils s'arrêtent ensemble à un bout de la vitrine et causent vivement entre eux à voix basse. Ici un rouleur de barrière à casquette pontée, à bourgeron blanc, accourt et se presse, bousculant un peu les autres, peut-être pour reconnaître un camarade perdu. Là ce sont des élégants, insensibles par convention, par mode et par pose, qui viennent tuer la dernière demi-heure, avant l'apéritif, et, à côté, une demi-mondaine, sérieuse sous ses vêtements de faux luxe, qui passe crânement devant les glaces, écartant le monde sans façon, avec un air de grande dame dont l'attelage attend à la porte, mais qui se tient loin, un peu apeurée par le rapprochement. Plus loin, on voit des messieurs correctement vêtus de noir qui semblent s'être postés là pour recruter les émotions ambiantes ; un ouvrier, ses outils sous le bras, en avance sur l'heure, qui fait son tour rapidement, et lance à mi-voix des réflexions gouailleuses pour faire retourner et sourire les voisins ; une ouvrière, rapportant une commande, en école buissonnière, qui regarde avidement à travers les vitres avec un air sérieux et craintif, pour rapporter de sa visite de quoi terminer la journée, — la matière d'une heure de caquetages et de détails piquants qui feront le silence autour des tables de travail ; à l'écart, un prêtre qui paraît être entré à contre-cœur, et jette un regard en s'enfuyant ; des étrangers accomplissant la visite obligatoire pour remplir dans son entier l'itinéraire d'un guide quelconque ; un reporter, une serviette sous le bras, en route pour une besogne de service, — et d'autres encore qui ne s'attardent pas et quittent les lieux avec, dans le regard, quelque chose de pénible.

Parmi tout ce monde disparate qui se croise et se coudoie, dans ce réduit de la désespérance, il y a les amateurs, comme les abonnés à une salle de spectacle, ceux qui accourent régulièrement à l'appel des journaux ; ceux qui entrent en passant, par hasard ; les intéressés, en minorité, qui arrivent là chaque jour attendre que les dalles grises leur apportent la certitude d'une fatale attente, le corps d'un disparu ; les ouvriers qui font faire un crochet à leur chemin, par ennui d'arriver cinq minutes à l'avance ; les gamins, enfin, les jeunes voyous qui viennent, comme en apprentissage, s'habituer à la vue du malheur et du crime et souillent le lieu de réflexions ignobles.

Au milieu de tous ces groupes plus ou moins indifférents, plus ou moins émus, presque tous silencieux, se communiquant leurs impressions à voix basse, s'approchant ou se reculant de la lugubre exposition, voici venir une vieille femme pauvrement vêtue, la figure marquée du sceau de la misère comme un objet d'or de son poinçon. Elle arrive, rapide, traverse la foule des curieux sans précaution, sans respect pour les classes sociales bien vêtues, se trouve devant la vitrine, les mains sur la barre de fer qui la défend, et, de son œil où brille un éclair d'angoisse et de douleur, glisse un long et pénible regard sur la triste rangée. C'est une intéressée, celle-là, une malheureuse mère qui cherche un fils ou une fille qui n'a plus paru au logis et que le pressentiment ou une froide annonce de journal a poussée ici, à la suprême démarche. La voilà devant le corps de statue, de la jeune fille à l'opulente chevelure blonde où soudain elle s'arrête : mais elle pousse un cri, un gémissement sourd de douloureuse certitude en se portant en avant vers l'inflexible glace, et s'abat à terre comme une chose inerte, la tête en arrière.

Un homme, un ouvrier, l'a reçue dans ses bras et, doucement, l'a déposée à terre, pendant qu'autour d'eux il se faisait comme un mouvement d'ondes humaines. Tous les assistants se sont approchés, allongeant le cou pour voir cette victime imprévue qui tombait tout à coup au milieu d'eux. On a entouré la pauvre vieille femme, comme morte avec ses yeux mi-clos et sa face pâle ; des employés se sont approchés et, puisqu'elle ne remuait plus, l'ont emportée quelque part.

Un bruit de portes qui s'ouvrent et se ferment, des pas qui se pressent et se hâtent, puis tout est rentré dans l'ordre habituel, le groupe de curieux s'est rompu, chacun a repris son chemin devant la vitre embuée, quelques-uns sont sortis, et le tableau a repris son cadre. A peine est-il resté un peu d'émotion dans la foule qui circulait là, tel le mouvement ondulatoire que produit une pierre tombant à la mer et qui disparaît en ne laissant plus, derrière elle, qu'un léger frémissement de la surface liquide.

.... Cependant un jeune homme mêlé à la foule au milieu de laquelle il était, jusque-là, resté inaperçu, s'est approché de l'endroit où la misérable vieille s'est écroulée comme une ruine, et, droit, immobile, il est resté dans une muette et comme inconsciente contemplation devant le corps de la blonde jeune fille trouvée dans une chambre élégante, entre un bouquet fané et un gant froissé. Accoudé à la mince barrière de fer, il reste immobile, sa figure dans une main,

Regardons-le, en ce moment : ses traits sont pâles et tirés, quoique beaux ; sa peau d'éphèbe est vieillie ; ses yeux tristes et mélancoliques sont cerclés de bistre ; son regard paraît fatigué et, au coin de ses lèvres pâles, apparaît un sourire poignant comme l'hilarité d'un fou. Son maintien est abattu et il tremble presque devant la rigide et blême enfant qui dort, devant lui, son dernier sommeil.

Il est élégamment vêtu, et sa main, dégantée, qui pend le long de sa jambe nerveuse, est fine et blanche comme une main de femme, — celle qui gît tout près, froide, sur la dalle.

Maintenant il se relève ; lentement il sort de sa poche un fin mouchoir qui répand, tout autour, un parfum délicat, et le porte à ses yeux, où, cependant, pas une larme ne brille.

Que fait ce brillant jeune homme devant la malheureuse épave qu'il contemple si fixement et si tristement ? Cherche-t-il à pénétrer le secret de sa sombre fin, ou est-ce le remords qui le tient là comme immobilisé devant une œuvre qui ne lui est pas inconnue, qui est peut-être sienne ? Repasse-t-il, dans son cerveau affaibli, le nombre de celles qui, comme elle, ont pu chercher, dans le néant, un terme à l'implacable souvenir d'une faute irréparable, à la douleur et à la honte d'un lâche abandon, aux tortures de l'incessante lutte corps à corps avec la noire misère, poussées là par la folie du désespoir ? Se demande-t-il combien ont pu déjà passer à cette même place par sa propre faute, victimes de ses heures d'ennui, de son besoin de jouissances nouvelles qui lui ont fait commettre tant d'ignobles mensonges, trahir tant d'innocentes confiances, violer tant de chauds serments, entraîner et perdre tant de pauvrettes qui ont eu foi en ses promesses et en son honneur ? Revoit-il, comme dans un rêve, le chemin parcouru déjà par sa vie sans but, toute faite de plaisirs faciles et énervants, livrée, avant même son âge d'homme, aux obligations stupides d'une classe sociale pour laquelle le désœuvrement est élevé à la hauteur d'un principe, la vertu devenue idiotie, le travail une honte, et qui se pare de son ineptie, de son encombrante inutilité comme d'un blason ?

Quel sentiment pénible l'arrête là, le regard fixe et poignant, son front d'ivoire touchant presque la vitrine, abîmé certainement dans de douloureuses pensées ? Quelle mystérieuse affinité retient cet homme jeune et beau, riche selon toute apparence, qui paraît résumer en lui tous les biens les plus appréciés de cette terre, devant ce corps inerte ? Pourquoi vient-il saluer de son respect cette abandonnée du monde sur la dalle publique et payer à sa beauté le dernier tribut d'un sentiment humain ? Qui dira le secret de cette existence de luxe peut-être, et peut-être si malheureuse; de cette vie si pleine de jeunesse et pourtant déjà si vécue, si flétrie ? Quelle antithèse apparaît, au premier abord entre ces deux corps en face l'un de l'autre, l'un immobile et froid, l'autre encore plein de sève! Et pourtant tous deux sont des victimes à des degrés différents : celui-ci, victime des préjugés; les deux, victimes de l'insatiable besoin de jouissances. Les mêmes causes ont poussé là, ensemble, ces deux sacrifiés des mœurs névrosées de notre époque.

..... Il est resté longtemps à la même place, fixant toujours le corps de la jeune fille, enveloppant de son regard navré sa beauté marmoréenne, ses lignes pures de vierge, son visage si doux qui paraît dormir sur son oreiller de cheveux blonds. Il semble abîmé dans ses pensées, indifférent à tout ce qui se passe autour de lui, à la foule qui circule et l'a entouré, attirée par son immobilité, par la fixité folle de son regard. Un moment il fait un mouvement pour se reculer, tourne la tête et regarde ses voisins comme pris d'une certaine honte, mais ses yeux reviennent au même point, invinciblement attirés par la morte. Enfin il paraît tenter un effort désespéré, se dégager d'une étreinte, et, lentement, la figure bouleversée par une indicible angoisse, il s'éloigne comme un fantôme, le regard vague, cognant les curieux surpris qui reculent apeurés. Ce fut comme si l'un des corps de derrière la grande glace se fut subitement levé, échappé par une mystérieuse issue, pour reparaître, par la porte grande ouverte, dans le monde des vivants....

On le vit encore revenir le lendemain, l'élégant jeune homme silencieux et pâle, irrésistiblement attiré par sa fatale pensée, et il se tint encore, dans son inconsciente immobilité, devant la dépouille de la jeune fille. Mais celle-ci venait d'être réclamée ; à la porte, le corbillard des pauvres l'avait enlevée à la maison pour la porter au champ de repos, accompagné seulement par une malheureuse vieille femme qui, la veille, était venue s'abattre là. Alors il resta devant l'emplacement même de la dalle qui lui avait servi de couche. Il y resta des heures entières, tantôt droit devant la publique exposition, tantôt perdu au milieu de la foule des curieux, la tête basse, l'air morne, ne relevant les yeux que pour les porter toujours au même endroit où la triste vision lui était apparue, semblant l'attendre ou chercher, sur le marbre, une trace de son passage. Déjà on le connaissait, parmi les curieux habitués, et on le regardait avec pitié, on le désignait ; mais lui ne voyait ni n'entendait rien, errant dans cette demeure des morts, à travers la foule des vivants, comme dans un cimetière.

Enfin le jour suivant il disparut.....

Mais un matin, avant l'heure à laquelle les portes s'ouvrent au public, un nouveau corps fut apporté : celui d'un jeune homme élégamment vêtu qui avait été retiré du fleuve tout près de là. Dans la poche de sa veste on trouva un flacon à sels, objet de femme, qui renfermait un tube de papier avec ces mots :

« Je désire être étendu à la Morgue, pendant trois jours, à l'endroit même de la dalle de marbre où a reposé le corps d'une jeune fille blonde réclamé par une vieille femme. Après ce laps de temps seulement ma dépouille sera rapportée à ma famille à l'adresse que donnent mes papiers. C'est ma volonté expresse et dernière. »

« A. de V. »

Elle fut respectée, et, pendant trois jours, les habitués de la Morgue purent venir contempler celui qu'ils avaient déjà gouailleusement nommé « le fiancé de la blonde ».

Février 1890.

LE BARBIER

LE BARBIER

Il y avait bien une heure que Mohammed le Syrien avait commencé à parler. Nombre d'histoires avaient déjà défilé devant ses auditeurs attentifs, à l'entrée du gourbi, en face d'un amas de cendres qui cachaient une braise mourante du dernier feu de broussailles. La nuit était humide et il montait, dans l'air, des senteurs de terre, de musc et de plantes sylvestres.

Allongé sur le sol, roulé dans un de ces burnous de poils de chèvre qui garantissent du froid la nuit, le jour de la chaleur, les yeux vaguant à l'horizon où une lueur d'incendie se mouvait et paraissait lentement s'étendre, — peut-être un feu allumé dans les fourrages par les derniers rebelles arabes, — il y avait longtemps déjà que je n'écoutais plus le conteur. Il se mit à chanter alors; une lente et langoureuse mélopée, toujours répétée, accompagnée par la sourde cadence d'un tam-tam invisible, dans laquelle une amante de quinze ans, Maïleh, pleurait son fiancé parti au loin vers le désert et qui ne revenait plus. Enfin le chanteur s'arrêta, tira, dans le narghileh de son voisin, une bouffée odorante, et, comme j'allais me lever, me demanda de l'écouter encore.

— Tu es triste, Saheb, dit-il, est-ce l'infortune de Maïleh qui a pénétré ton cœur et remué tes pensées ? Je veux te dire l'histoire d'un barbier, qui me vient de mon pays, la Syrie, et elle chassera les nuages qui ont obscurci tes yeux. Ecoute. »

Je m'arrangeai dans une pose commode, j'entendis encore, dans le silence qui précéda les premières paroles de mon conteur, les lointains aboiements d'un chien inquiet, le murmure d'un chuchotement dans le groupe des auditeurs, puis tout se tut et Mohammed commença en ces termes :

« Au temps jadis, sous le règne d'un maître juste, mais sévère, dont la réputation, comme une auréole, s'étendait au-dessus de l'immense Empire musulman, il y avait, dans une petite ville, près la capitale, un barbier connu par son caractère obstiné et sa vanité. Ce barbier se nommait El-Farsi. Fils d'un chamelier dont toute la vie s'était passée à diriger sa bête d'une ville à l'autre sans amasser de fortune, il était patiemment arrivé à avoir une boutique bien fréquentée où, tout en débitant des sangsues, il rasait le chef et les joues des plus respectables têtes de la ville, ayant acquis, à cette opération délicate, un renom qui avait même franchi l'enceinte des murs blancs de la cité.

Or, un jour qu'il se trouvait sur sa porte, un peu inquiet d'avoir vu défiler devant lui un turban vert inconnu qui ne cachait pas assez le cuir chevelu pour ne pas laisser entrevoir le besoin impérieux des services du rasoir, et qui ne s'était même pas arrêté à sa boutique, vint à passer un ânier poussant, devant lui, sa bête efflanquée pesamment chargée de deux gros fardeaux de bois.

L'homme lui était connu, il l'appela :

— Hé ! vieux sage Ahmed, que le salut soit avec toi.

— Salut, le barbier, » répondit l'homme, « est-ce toi qui prends mon bois, ce matin ?

— Je le veux bien », dit celui-ci, et il examina la marchandise, pensa, prit un air malin, puis dit :

— Combien veux-tu pour tout le bois que je vois là sur ton âne ?

— Je me contenterai », dit l'ânier, « de dix

pièces de cuivre, car j'ai hâte de retourner à mon village, et tu sais que le soleil tombe de bonne heure sur l'horizon.

— Bien, » reprit El-Farsi, « dix pièces de cuivre pour tout le bois qui est sur ton âne, décharge. »

L'ânier délia les vieilles cordes qui retenaient le bois et le jeta à terre. Mais, aussitôt, le barbier s'emparant de la selle qui était tombée, entraînée par son poids, l'emporta la première dans la boutique, en même temps qu'il ordonnait à son domestique d'apporter le bois mort, tandis qu'Ahmed regardait, sans comprendre, alternativement le dos pelé et saignant de son compagnon et la figure moqueuse du barbier qui lui tendit les dix pièces de cuivre.

— Mais tu m'as pris ma selle ! s'exclama-t-il.

— Eh bien ; n'est-elle pas de bois, et ne m'as-tu pas vendu *tout le bois* qui était sur ton âne ?

— Par le saint nom d'Allah, tu es un coquin, barbier ; la selle seule vaut bien trois fois plus que le prix convenu pour la charge !

— C'est possible, « répliqua El-Farsi », mais c'est prix convenu. »

Et tout ce que dit le pauvre ânier ne put décider l'autre à lui rendre l'objet du litige.

Cependant il se faisait tard, il fallait prendre une décision. Le barbier, un peu craint pour sa malignité, avait réuni tous les rieurs de son côté, et l'on plaisantait à qui mieux mieux sur la mine piteuse d'Ahmed qui, enfin, se décida à quitter la place.

Son compagnon derrière lui, il arriva à la porte d'un écrivain public, lui raconta son aventure, et celui-ci lui conseilla d'aller simplement trouver le kadi. Il y courut en toute hâte, et, quand il eut exposé le fond de sa réclamation :

— Tu avais vendu » lui demanda le juge, « tout le bois qui était sur ta bête ?

— Oui, mon maître.

— Alors le marché est régulier puisque la selle est en bois ; va donc... »

Et il s'en alla, l'ânier, un peu perplexe, méditant les préceptes de Mahomet sur la justice et concluant que ce kadi était aussi fripon que le barbier.

Il retourna chez l'écrivain public qui lui dit :

— Le Sultan, le Maître des maîtres sur cette terre, est un homme bon ; il faut le voir, je vais te faire une requête que tu lui porteras, et lui seul peut te faire rendre ton bien.»

Il attacha donc son âne à la porte, le confia à son conseiller, prit la requête, l'enveloppa avec précaution dans son mouchoir qu'il plaça dans un coin de son burnous, et partit.

Prêt d'arriver au palais, il sortit le papier ; puis, s'avançant doucement, il se trouva devant le Prince des Croyants, se jeta à terre, les deux mains qui tenaient la requête sur la tête, et s'écria :

— O prince bon et juste, ton nom est répandu sur tout l'Empire comme un voile qui nous éclaire ; je t'implore... » Et il raconta son histoire, le corps toujours baissé, le front touchant la terre, tandis qu'un chambellan avait remis la requête.

— Ainsi donc, ânier, tu avais vendu tout le bois qui se trouvait sur le dos de ton âne ? » demanda, en bâillant, l'illustre monarque.

— Oui, Prince.

— Eh bien ! tu peux partir, le barbier a eu raison. »

L'ânier commençait à douter maintenant : le voile de lumière et de justice de l'Empire le condamnait aussi ; serait-ce véritablement lui qui avait tort ? S'était-il laissé justement tromper par simplicité, et le barbier n'aurait-il pas été plus habile que malhonnête, plus fourbe qu'injuste ? Telles étaient les réflexions auxquelles se livrait le malheureux en se retirant de la présence du prince, avec la crainte qu'au contraire de ce qu'il y était venu chercher, la colère de ce dernier ne prît texte sur une diffamation.

Mais que dirait sa femme qui l'attendait au village ? Bien sûr elle le battrait. Il se lamentait donc et gémissait, assis dans un coin du premier escalier conduisant au palais.

Un mendiant passa par là : sur sa tête, il avait un vaste turban vert, marque de sainteté ; la longue barbe blanche, qui tombait de son visage pâle et doux sur sa poitrine, lui donnait un caractère respectable ; ses yeux et ses manières inspiraient la confiance. Il s'approcha tout courbé, s'appuyant sur un bâton noueux, et, s'accroupissant devant l'ânier, lui dit d'une voix mielleuse :

— Le malheur est entré dans ta maison, ô mon frère ; veux-tu te confier à moi ? Je suis Mohammed-el-Haji. »

Alors l'ânier recommença son histoire : le barbier, le bât volé, le kadi, le Sultan et sa femme en courroux, pleura, se lamenta, parla de ses enfants, et faillit presque, finalement, douter de la justice divine après avoir affirmé la nullité de celle des hommes.

— Oh ! mon frère, qu'allais-tu dire ? » interrompit vivement le saint homme en se rapprochant de lui et en coupant une exclamation impie prête à sortir de sa bouche ; « retourne auprès du barbier, car il a eu raison, en effet, mais... écoute... »

Et, tout bas, à l'oreille, il lui susurra un conseil.

Subitement, la figure de l'homme s'épanouit. Il se leva en hâte, remercia chaleureusement le mendiant, vida dans son escarcelle une partie du contenu de sa bourse, l'embrassa, et, tout heureux, reprit le chemin de la ville.

Il arriva, au bout d'un certain temps, devant la boutique de l'écrivain qui lui cria dès qu'il l'aperçut.

— Holà, le vieux ! As-tu obtenu justice?

— Hélas »! répondit celui-ci, « la justice n'est pas de ce monde et les principes du Prophète sont rarement suivis; mais garde mon âne encore, je vais aller jusqu'au marché et le reprendrai à mon retour. »

Il s'en alla, et, cheminant tout doucement, il se retrouva devant la maison du barbier qui était sur sa porte et qui, en le voyant, recommença à rire.

— Bon, » pensa Ahmed, « j'arriverai bien à rire à mon tour.

— Te voilà donc, généreux marchand de broussailles, » dit El-Farsi, « tu as l'air tout joyeux, ce soir.

— En effet, » dit l'ânier, « très heureux ; je viens de rencontrer un parent qui se marie aujourd'hui même, et, mon ami et moi, nous allons aller le conduire, cette nuit, chez sa belle fiancée. Mais, dis-moi, tu as une juste réputation dans ton métier ; le renom en est venu jusque dans mon village, et je voudrais bien que ce soit toi qui nous prépares à nous présenter dignement à la fête. Combien nous prendrais-tu pour nous raser mon ami et moi ?

— Vous n'êtes pas de mes pratiques, ni toi que je connais bien, ni ton ami que je ne connais pas ; cependant, comme compensation de la mauvaise affaire que tu as faite avec moi, je veux bien vous raser tous deux, quoique vous alliez ébrécher mes rasoirs. Tu me donneras une pièce d'argent.

— Une pièce d'argent, c'est beaucoup pour mon ami et moi, mais enfin c'est convenu, dit l'ânier. » Et il quitta la place, après avoir payé devant de nombreux témoins.

Un instant après il revint, tirant derrière lui son âne qui paraissait aussi triste que lui-même était joyeux, et, se postant devant le barbier qui était resté à la même place devant sa porte, il l'interpella ainsi :

— Eh ! El-Farsi, barbier célèbre, le temps presse, dépêche-toi de nous raser.

— Et ton ami ?

— Parbleu, le voilà avec moi, mon ami, mon meilleur ami, » et il tira à lui son âne qui semblait, à cet instant, allonger des oreilles démesurées.

— Comment, vieux brigand, bâtard de ton père, tu voudrais que je rase ton âne ?

— N'as-tu pas promis, » répliqua Ahmed, « de nous raser, mon ami et moi, pour une pièce d'argent ? Eh bien ! comme tu le disais toi, c'est marché conclu ; marché régulier ainsi que l'a dit déjà, dans une autre occasion, le kadi ».

On le fut trouver, le kadi, en grand apparat, car toute la population suivait les deux parties, et il ne put rien dire tant il riait.

Ne rien dire n'est pas condamner, et le barbier refusait de s'exécuter ; on s'en alla devant le Chef des Çroyants.

— Ainsi donc, barbier, il a été convenu que tu raserais l'ânier et son ami pour une pièce d'argent ? » dit l'illustre monarque ; « alors l'ânier a raison et tu vas remplir les conditions du marché sur l'heure, — là, devant moi. »

Et le barbier dut s'exécuter ; du bout de la queue à l'extrémité des oreilles, le poil gris du meilleur ami d'Amed tomba sous le célèbre rasoir. Jamais il n'y eut une telle fête dans la ville, — car les exécutions des sentences du Prince étaient publiques.

El-Farsi, de ce jour, ne rasa plus que des fakirs qui la moitié du temps ne le payaient pas, et, comme son père le chamelier, ne fit jamais fortune.

L'ânier, lui, gagna les plus hauts grades à la Cour pour avoir tant amusé le Prince en un seul jour. »

Autour du conteur, le silence se fit ; j'étais peut-être le seul à ne pas dormir. Mohammed le Syrien s'arrangea, pour la nuit, à l'endroit même où il se trouvait sur la terre nue, et je regagnai mon gourbi au milieu des aboiements furieux des chiens de garde.

Enfida (Tunisie), Mars 1884.

RÊVE

RÊVE

Je m'étais, assez tard dans la nuit, allongé avec un ineffable plaisir entre les draps fins, à peine parfumés d'une pointe révélatrice, du lit de fer de ma petite cousine Clo-Clo.

C'était après une belle journée d'automne passée en pleine campagne parmi les herbes, les fleurs et les papillons, sous le grand voile azuré du ciel resplendissant de lumière, — une de ces journées pleines de la transparence particulière au printemps et à l'automne où, par instants, le corps semble disparaître pour laisser la place à l'esprit qui oublie un moment la fadeur de la vie réelle, de la matérielle existence, au milieu des poétiques émanations de la nature.

Elle n'était pas grande, la campagne de l'oncle ; quelque chose comme un grand mouchoir de poche tout bariolé de ramages : des bosquets miniatures, de microscopiques pelouses par-dessous quelques grands arbres où des nuées d'oiseaux donnaient matin et soir leur concert; des fleurs et des plantes grimpantes partout; un ruisselet qui chantait, lui aussi, sa petite chanson, avec une maison toute blanche dans un coin, et, dans l'autre, une serre de plantes grasses dont l'oncle était très fier.

Mais ce qu'il y avait aussi, dans tous les petits réduits de ce jardin, ce que ne voyait nul autre que moi, c'étaient tous les souvenirs lointains de mon enfance qui naissaient sous mes pas dans les petites allées sablées, que je sentais voltiger entre les branches, au milieu des panicules fleuries, ou se dégager de l'aile bariolée d'un papillon : ces riens d'alors qui deviennent immenses plus tard, qui restent les plus douces évocations, tout au loin derrière nous, à l'horizon de la vie, qui amènent souvent un pli amer au front, un sourire de regret au coin des lèvres, et quelquefois une larme honteuse au bord des paupières.

J'en avais été hanté toute la journée, de ces chers souvenirs; me promenant, solitaire, sous l'ombre de la verdure, ils m'avaient fait revivre un moment ma vie d'enfance, oublier le présent, affluer les naïves impressions de ma jeunesse et, de ce courant de retours vers le passé, était né un torrent de regrets, de pensées pénibles qui s'étaient attachés à mon esprit comme la poussière du pollen s'attache aux doigts qui touchent la fleur. Un voile léger de tristesse m'était ensuite resté de cet effeuillement involontaire de ma vie.....

Les changements intérieurs nécessités par l'intrusion d'un hôte m'avaient fait avoir la chambrette propre et simple de ma cousine, et c'est ainsi que, me glissant, frissonnant, assez tard dans la nuit, entre les draps fins et parfumés de son petit lit de fer, il me sembla que je venais de laisser, derrière moi, la subtile enveloppe de mélancolie que j'avais pris, le jour, aux branches fleuries des buissons.

Je me mis alors à penser, et bientôt mes yeux errèrent ici et là, dans l'obscurité, comme s'ils avaient dû apercevoir quelque chose. Quelle idée folle me venait? Je faisais des efforts pour découvrir, autour de moi, un peu de l'essence immatérielle de celle qui remplissait, de tout son être, l'atmosphère que je respirais, — ce milieu qui avait reçu toutes les émanations psychiques de la jeune fille, qui avait entendu toutes ses grosses confidences et ses petits chagrins, vu ses rêves d'enfant et de femme, assisté au lent et mystérieux épanouissement de la fleur humaine.

Enfin, doucement bercé dans de riantes pensées, je m'endormis, et il ne devait pas y avoir longtemps que j'avais perdu connaissance lorsque je me sentis mollement tiré de la lourdeur de ce premier sommeil par une cause insolite. Il me sembla que je me réveillais et que mon attention était sollicitée de tous les côtés à la fois de la chambrette, attirée par une foule, un nombre incommensurable d'atomes mouvants, comme un tremblotement aériforme inexplicable, vague comme ces papillotantes exhalaisons de chaleur qui s'élèvent de la surface du sable ensoleillé.

Faisait-il jour, dans mon rêve, ou la nuit m'enveloppait-elle? Je ne l'aurais su dire. Ainsi dans la pénombre formée par je ne comprenais quelle légère lueur incertaine et indéfinie, je distinguais tous les objets de la chambre comme des silhouettes noires aux arêtes fondues, mêlées souvent entre elles; la commode, les candélabres, la tenture qui cachait la fenêtre donnant sur un jardin potager, des tableaux accrochés au mur juste en face mes yeux, une madone étendant les bras dans un angle, sur un coquet autel virginal, un tas de petits objets qu'invente ou crée la coquetterie féminine dispersés çà et là, tachant la tapisserie claire, brouillant la surface des meubles — tout cela je le devinais mieux que je ne le voyais. Je n'éprouvais pas, enfin, cette apparence de réalité du rêve; mon cerveau fonctionnait comme s'il eût été indépendant de mon corps; j'avais conscience d'une certaine perception sans avoir conscience de moi-même, de mon état. La partie matérielle de mon être s'était, pour ainsi dire, effacée devant mon essence spirituelle subitement séparée d'elle par quelque mystérieuse force. C'était un état particulier et indéfinissable où la compréhension et l'incompréhension se mêlaient et s'enchevêtraient en un ensemble de sensations diverses.

Lentement, très lentement, je vis se former au milieu des atomes, des courants, puis des groupements qui semblaient coordonnés, qui paraissaient suivre, chacun, une direction définie, intelligente, comme une armée entière dont tous les éléments mélangés se constitueraient en compagnies et bataillons à un commandement donné. Il me sembla aussi que toutes les petites images prenaient, peu à peu, une forme déterminée que je reconnaissais; mais, fait plus étrange encore, le phénomène ne se produisait qu'au point exact où je fixais mon attention.

Alors, tout au loin, comme dans un vaporeux lointain, j'aperçus une maisonnette blanche à volets verts, un jardin avec de délicieuses charmilles blotti à l'abri d'une haute pinède, et je trouvai qu'il n'y avait aucune différence entre cette vision et la campagne de l'oncle où j'étais venu demander l'hospitalité d'une nuit.

Mais pourquoi pus-je voir encore, derrière une certaine fenêtre d'angle cachée par les branches d'un vieux noisetier, la nouvelle et calme retraite de Clo-Clo elle-même dormant, souriante, au milieu des boucles rebelles de son opulente chevelure châtain, livrée à son sommeil de vierge dans une pose pleine de pudique abandon ? Elle était là, dans toute la splendeur de ses vingt ans, son bras blanc arrondi au-dessus de sa tête, la main un peu pendante sur son front pur qui allait, peut-être, me laisser pénétrer dans son rêve, quand tout se brouilla, se déforma et disparut, en ne laissant qu'une vague et légère lueur qui resta persistante à la même place, semblable à une petite buée lumineuse.

A côté, pendant ce temps, je voyais s'opérer comme un difficile travail des molécules aériformes qui, peu à peu, prenaient des contours bien limités. C'était un spectacle si différent et si inattendu que j'eus quelque peine à le reconnaître : des monticules de gâteaux de mille formes et de mille couleurs, des collines de pain d'épice, des rivières de dragées, des cascades de sirop, des monceaux de fruits confits, dans un tel arrangement naturel que tout cela réuni paraissait être un très beau paysage qui fuyait au loin dans un brumeux horizon d'œufs à la neige. Puis, en haut, dans les nuages, une petite mine éveillée d'enfant, les yeux largement ouverts lançant des éclairs de convoitise, allongeait ses lèvres rouges, et simulait très bien la lune, mais un astre espiègle, au petit nez mutin que je crus reconnaître pour celui de Clo-Clo.

Et j'avais une telle force de pénétration, dans cet état, que je distinguais jusqu'aux moindres détails de tous les objets, comme s'ils se fussent montrés chacun à travers une forte lentille, en même temps que l'ensemble m'apparaissait ainsi que dans une lointaine perspective.

Je dus faire un effort pour essayer de comprendre la signification de ces avalanches de confiseries. Le rêve n'est qu'une sorte de choc en retour de la pensée, une suite de combinaisons d'images effectuées hors la volonté, mais qui reproduisent, la plupart du temps, des impressions déjà ressenties, des mirages d'idées anciennes ou récentes, avec ou sans coordination. Dans ce cas, ce tableau m'étonnait et me faisait l'effet d'une page écrite dans une langue étrangère dont j'aurais cherché à comprendre le sens avec le seul secours de la vue.

Mais je n'eus pas le temps de m'appesantir sur mon étonnement : tout se troubla de nouveau, il s'écoula un certain intervalle, comme le temps nécessaire à une formation nouvelle, et ce fut, alors, une tour de jouets de mille sortes qui montait, montait jusque vers l'infini ; une tour faite de tous les joujoux de la création enchevêtrés les uns dans les autres, s'étageant, retombant en grappes et en guirlandes, dans une disposition pleine d'art et d'élégance. Il y avait là des tambours, des cerceaux, des toupies, des poupées, des volants, des objets de toute nature et de toute substance, des connus et des inconnus, des simples et des bizarres, retenus ensemble par des liens imperceptibles. Cette vue encore me laissa perplexe, si je puis ainsi exprimer la sensation que je ressentis. Et aussi, dans un coin de cette tour, une tête d'enfant, en partie cachée, montrait des yeux tout heureux, au-dessous d'une partie de bras qui se levait en l'air pour décrocher quelque chose que je ne voyais pas : c'était Clo-Clo.

Une nouvelle confusion des particules moléculaires, suivie d'un mouvement d'ordre, me fit voir, cette fois, un site charmant dans une vallée alpestre. Au fond, des montagnes couvertes de forêts derrière lesquelles s'étageaient, en second plan, des sommets neigeux découpés comme une bordure de dentelle ; en bas, un splendide château à tourelles précédé d'un porche où montait un large escalier de marbre blanc flanqué, des deux côtés, de statues et de vases de fleurs. Dans un parc, une petite rivière serpentait entre des bosquets touffus ; des jets d'eau lançaient dans les airs des panaches cristallins qui semblaient figés par la froidure, tant ils s'élevaient avec régularité ; des bassins donnaient asile à des myriades de poissons de toutes teintes, et des allées sablées couraient en tous sens comme les mailles irrégulières d'un filet, chacune enserrant des coins délicieux, des bancs rustiques, des ponts champêtres, des corbeilles fleuries, des statues de faunes et de sylvains, de petits berceaux ombreux pleins de charme et de poésie.

Mais, ô surprise ! à l'abri d'une haute treille j'aperçus ma petite cousine Clo-Clo très occupée à vouloir atteindre une jolie fleur blanche qui s'obstinait à reculer devant ses doigts d'enfant. C'était elle, dans l'auréole de ses quinze printemps, radieuse et pleine de sève généreuse. Elle allongeait son buste flexible, à l'aise dans une élégante robe blanche ni trop sérieuse ni trop enfantine, et je crois bien que le fleuron rebelle fut vaincu par son obstination délicieusement rageuse au moment même où tous les détails de ma vision s'agitèrent, se mêlèrent en un brouillard confus et enfin disparurent.

Je regardai dans une autre direction... Quoi ! c'était la mer qui m'apparaissait, maintenant, comme dans un cadre obscur de tableau, avec un morceau de ciel bleu et un bateau, un grand vapeur qui fendait les flots de sa puissante étrave. Je voyais sa cheminée vomissant des torrents de fumée noire entraînée au loin en un long panache, et, en fixant un des points qui appelaient mon attention, à l'arrière, je vis.... oui, je vis encore distinctement Clo-Clo, les yeux pétillants de malice, qui semblait me regarder, et me narguer même. Elle était assise, immobile et muette, au milieu d'autres passagers, dans un costume simple et gracieux. Un livre, qu'elle tenait entre ses doigts effilés, restait ouvert sur ses genoux, et, sur son front, rayonnait un bonheur céleste, comme celui qui serait né de la réalisation d'un violent souhait longtemps formé sans espoir.

Mais, comme la première fois, les détails se déformèrent et semblèrent retourner à leur forme primitive, à leur état indéfini d'atomes mouvants..

Maintenant je vois, ailleurs, un simple portrait, celui d'un beau jeune homme brun aux yeux noirs, à la figure pâle et mélancolique, à la fine moustache légèrement retroussée, qui regarde attentivement un papier. Je vois bien, c'est une lettre qu'il lit, et ses traits prennent, au fur et à mesure qu'il parcourt les petites pattes de mouche, un air de ravissement attendri ; le sourire qui relève le coin de ses lèvres lui donne une expression d'ineffable félicité.

Elle est bien longue, cette lettre qui tient toute entre ses deux doigts ! C'est qu'il la relit une seconde, puis une troisième fois. Enfin il la porte à sa bouche amoureusement, et, dans le mouvement qu'il fait alors, il me semble distinguer, tout au bas, trois lettres que je m'efforce de lire. C'est bien cela..., je les vois..., je les reconnais..., je les comprends : Clo... et l'image entière se désorganise avant que j'aie pu épeler les trois lettres suivantes.

— Ah ! petite cousine, elle est de vous, cette lettre qui vient ici voltiger devant moi, entre les mains d'un beau jeune homme pâle qui paraissait si triste et est devenu si heureux ! C'est vous qui l'avez écrite, sous l'inspiration, peut-être, d'un charmant diable en jupons, comme vous, mais plus que vous, certainement, hardie, osée, et qui vous a corrompue. Le courant de délicieuses sensations qui s'agitaient dans votre petit cœur candide et faisaient trembler le bout de vos doigts, a entraîné votre volonté, anéanti vos craintes de grande enfant, noyé vos chastes principes. Et vous vous êtes réveillée un jour, comme d'un rêve, avec le souvenir d'une lettre écrite, bien petite en vérité, mais si sincère, si purement ardente, si grande par l'âme que vous y avez mise, et puis si chaudement implorée ! Un nuage d'aurore a envahi vos joues et votre front honteux d'un tel crime, et vous avez baissé vos beaux yeux mutins en signe de contrition.

Ah ! je vous attends, maintenant, petite cousine perverse ; je veux voir cette hardiesse nouvelle née dans un songe et grandie sous le regard de deux yeux noirs sur un visage mélancolique !...

Mais quoi !... ce que je viens de voir ne serait-il que la première de vos audaces ! Car les atomes aériens se meuvent de nouveau, roulent les uns sur les autres, se groupent, se rejoignent comme un afflux de nuages orageux, se pressent hâtivement à une formation nouvelle, et ce que j'aperçois enfin me fait frémir...

Le même beau jeune homme brun est à genoux devant vous, tenant quelque chose de blanc et de délicat qu'il baise avec ferveur. Ciel ! C'est votre propre main et vous paraissez comme abandonnée et coupable, le regardant avec des yeux pleins d'amour. Autour de vous, l'obscurité de la nuit : c'est la lune qui vous envoie ses rayons pâles et vous révèle à moi. Vous êtes dans le petit jardin, à côté de votre maison de crèche, sous le grand noisetier qui bat de ses longues branches la fenêtre de la chambre où vous devriez reposer maintenant. Vous restez là longtemps, sous le charme des paroles brûlantes dont il me semble entendre le murmure et que j'entendrais si je voulais écouter, si je n'étais saisi d'étonnement à cette révélation inattendue. Mais je les devine ; je devine, aussi, quelle émotion vous étreint, quelle défaillance vous enveloppe toute entière, et...

Je me réveille.

Il est nuit noire ; je ne vois rien autour de moi. Instinctivement mes yeux se portent dans le vide, cherchant les lumineuses buées que me faisait voir mon rêve, essayant de deviner sous quelle mystérieuse influence je viens de me trouver, encore présent aux scènes qui ont, il n'y a qu'une minute, défilé devant mon cerveau. Mais je n'ai le temps ni de penser, ni de comprendre, et je me débats inutilement pour retomber, vaincu par le sommeil, sur mon oreiller.

Le lendemain matin je vis, je puis dire pour la première fois, le grand noisetier sous lequel ma dernière vision m'était apparue, la nuit. Je ne l'avais jamais particulièrement remarqué, mais il me sembla, à cet instant, le reconnaître comme un ancien ami.

— Eh bien ! » dis-je à ma petite cousine qui venait à moi les mains tendues, « j'en ai appris de belles sur votre compte ».

Elle me regarda avec de grands yeux étonnés :

— Cette nuit ? » et elle partit d'un vaste éclat de rire : « Qui sait ? peut-être les murs de ma chambre, où vous avez dormi, ont-ils été indiscrets. »

Et, jusqu'à ce jour, je ne suis pas persuadé que Clo-Clo n'ait pu avoir raison.

Marseille, Novembre 1890.

PRESCIENCE

PRESCIENCE

Mon ami C..., n'avait pas précisément les apparences d'un homme inspiré. Frisant la cinquantaine, de taille un peu au-dessous de la moyenne, gros, rasé près, de mouvements lents et calculés, il laissait voir, derrière ses lunettes d'or bien campées sur son nez un peu épanoui, de petits yeux fouilleurs qui faisaient, en temps ordinaire, patte de velours, mais qui s'allumaient, à l'occasion, d'une singulière lueur. A la vue il réalisait le type « bonhomme » avec une large teinte de sérieux sur les lèvres, et on l'eût aisément pris pour un notaire retiré des soucis du cabinet.

Tel il était au physique. Au moral on pouvait le classer parmi ces tempéraments à apparence lymphatique, qui cachent un fond de nervosité montant rarement à la surface mais s'y montre à l'occasion. C'est ainsi que, naturellement doux, parlant lentement et généralement peu, on le voyait parfois s'animer étonnamment sous l'influence de l'indignation, de la colère que faisait naître en lui tout ce qui est reconnu comme injuste, tout ce qui sortait des limites de ce qu'il appelait « bon ». C'était un caractère droit, loyal, un peu renfermé, mais franc et honnête.

Il avait passablement voyagé pour un Français ; lancé dans quelques entreprises en Orient, il n'avait pas réussi, et il était rentré au pays un peu plus pauvre qu'à son départ, mais toujours confiant et actif. Auteur de quelques travaux géographiques non sans valeur, il en tirait, au moment où je le connus, le plus clair de ses revenus, faisant vivre une petite famille, aidé en cela par un fils studieux, aussi honnête que son père.

Un matin, donc, je le rencontrai : il marchait lentement, portant au loin un regard vague qui paraissait égaré, l'air triste, douloureux même. Il se jeta sur moi en murmurant un : « Pardon, Monsieur. »

— Voyons, mon cher, » lui dis-je, « rêvez-vous en marchant ou cherchez-vous la solution d'un de nos grands problèmes économiques, que vous ne reconnaissez pas, de si près, vos amis ?

— Ah, c'est vous ! Je suis heureux de vous

voir. Excusez-moi, j'étais profondément plongé dans mes pensées, en effet, et, puisque vous me parlez de rêve, je veux vous arrêter. Pouvez-vous disposer d'une demi-heure ? Oui ; eh bien, consacrez-la-moi et vous verrez que vous n'aurez pas perdu votre temps. Peut-être aussi pourrez-vous m'éclairer sur un de ces mystères qui enveloppent notre pauvre nature humaine, nous influencent, nous guident même sans que nous nous en doutions, et qui se révèlent à nous, quelquefois, tout juste le temps suffisant pour nous faire prendre les cheveux à pleines mains et nous écrier : « Mon Dieu, mon Dieu ! qu'y a t-il au-dessus de nous, quels éléments nous forment, nous entourent, et que sommes-nous ? »

Il se tut.

Je regardai alors mon ami qui paraissait s'être extraordinairement excité à ces quelques mots débités tout d'un trait, sans respirer, comme on se débarrasse, en un seul mouvement, d'un fardeau trop lourd à porter. Et il se découvrit, montrant son grand front et son crâne chauve où perlait la sueur que, d'un geste de désespéré, il essuya rapidement de son mouchoir bleu à carreaux.

Je le suivis et nous marchâmes lentement. Je ne sais ce que je lui dis, mais il ne me répondit plus que par des monosyllabes et des mouvements de tête, jusqu'à ce que nous fussions attablés dans la petite salle d'un café de quatrième ordre qu'il affectionnait, à ce moment désert et sombre,

Accoudé sur le marbre blanc, il se prit la tête entre les mains et resta un moment pensif devant son verre ; puis, se relevant :

— Avez-vous lu les journaux d'hier soir et de ce matin ? » commença-t-il brusquement. « Savez-vous les nouvelles ; cet épouvantable désastre qui s'est abattu sur Saint-Gervais, la station thermale, quelque part du côté des Alpes ; cette trombe d'eau bouillonnante balayant toute la région, rasant tout, emportant tout, charriant tout dans un même et terrifiant torrent gigantesque, les terres, les arbres, les maisons, les glaces, les hommes, les femmes, les enfants, les troupeaux, dans le plus horrible des moments, au milieu de la nuit, — une nuit calme, sereine, pleine du repos de la nature entière — ; ce cataclysme épouvantable succédant, sans transition, au silence, au doux bruissement des petits insectes sous l'herbe ?.. ..'. Oh ! Ce moment ! je le sens là, encore, au frisson de ma peau ; j'entends encore les eaux mugissantes qui roulaient, s'abattaient partout avec un fracas d'effondrement, d'écrasement général. Elles arrivaient, dans la campagne, de tous côtés, par paquets, entraînant avec elles un chaos d'êtres et de choses montant les uns sur les autres, s'entrechoquant dans un extraordinaire remous, et moi je me trouvais au milieu, je ne sais comment, assistant à ce colossal bouleversement de la surface terrestre. Puis, en moins de temps qu'il n'en faut pour le penser, je fus renversé, emporté, roulé, déchiqueté, et je vis, oui je vis mes membres épars dansant une funèbre danse à la surface de cette nouvelle mer en furie, sur la crête des dernières vagues!

... « Ne me regardez pas avec ces yeux étonnés où il me semble voir de la pitié ; je ne suis point fou, mais c'est vraiment, croyez-le, à le devenir. Avant hier, en effet, dans la nuit, le rêve me l'a montré cet irréparable malheur, tel qu'il s'est produit. J'ai vu le torrent s'avancer, se diviser, se confondre, monter, monter toujours ; j'ai entendu, dans un roulement de tonnerre, les cris de détresse, le fracas des eaux, le choquement de tous les objets emportés qui sonnaient, en se rencontrant, comme des têtes de morts, d'un son creux et lugubre.

« Et cela dans la nuit, au milieu de l'obscurité, sous un ciel étoilé qui envoyait sur la terre tout juste assez de lumière diffuse pour n'apercevoir, des choses, que les surfaces les plus saillantes. Les bouillonnements liquides paraissaient sortir d'un fleuve d'acier en fusion et les ombres noires cacher d'insondables gouffres.

« Quand je me réveillai, j'étais hagard ; je savais que quelque part venait de se produire un grand malheur et je le dis à ma femme..... Le jour même arrivaient les premières dépêches qui annonçaient la catastrophe de Saint-Gervais ».

— Vous *saviez*, fis-je, l'interrompant, qu'un malheur venait d'arriver quelque part ?

— Oui, je le savais, comme j'ai toujours su à l'avance tous les maux qui m'ont atteint dans la vie, toutes les grandes calamités qui s'abattaient dans les endroits où j'avais des parents, des amis, des connaissances, souvent même très loin de moi, aussi certainement que si par un phénomène surnaturel j'en avais pu, à l'avance, recevoir des preuves matérielles irrécusables. Il est terrible, n'est-ce pas, ce don de prescience, — si je puis ainsi dire, — qui me plonge, pendant un temps si long quelquefois, dans des angoisses inexprimables par la crainte que le malheur ait atteint une de mes affections.

« Tenez, je veux vous dire quelques faits ; bien que je ne les aie pas notés au fur et à mesure qu'ils se sont produits, j'y ai assez pensé toujours pour qu'ils soient encore gravés dans mon cerveau avec la plus parfaite netteté.

« En 1885 je me trouvais à Zante, dans les îles grecques. Un soir que nous avions veillé assez tard avec ma famille, chez un de nos amis, je me sentis mal à l'aise au moment où nous nous retirions : c'était un pressentiment. La nuit, je rêvai. J'étais à Marseille ; le ciel était resplendissant de clarté et je me tenais droit, immobile au milieu d'une place que vous connaissez, la place au Linge. Il n'y avait personne, en ce moment, et j'avais fixé mon regard sur un point noir qui s'agitait à l'extrémité d'une longue rue. Lentement ce point se déforma, grossit, parut en mouvement, puis se dessina plus nettement, accrut de dimension tout en se rapprochant, et, tout d'un coup, déboucha devant moi sous la forme d'une foule pressée de gens qui paraissaient fuir quelque chose. Et il en arriva, alors, de toutes les rues, courant, affolés, vers la place. Le tableau devint terrifiant. Les hommes, les femmes, les enfants, dans la cohue, tombaient à tout instant, de tous côtés, comme foudroyés sur le coup par une cause inconnue; et ils s'entassaient, les morts, les uns sur les autres, gênant la fuite des vivants qui les foulaient aux pieds, les repoussaient avec rage, courant toujours éperdus devant eux, jusqu'à ce qu'enfin ils tombassent à leur tour.... Puis tout disparut, et je m'éveillai.

« Je fus, pendant trois jours, comme paralysé par l'attente. Bien entendu, j'avais fait part aux miens de mes craintes, et personne ne mangeait plus, ni ne dormait plus ; les moindres bruits extérieurs devenaient comme autant de causes d'effroi général. C'était insoutenable. Enfin le quatrième jour nous fûmes délivrés : le choléra avait éclaté à Marseille !

« Il y a certaines formes sous lesquelles cette façon de prescience se présente toujours, avec l'évocation des mêmes lieux, des mêmes personnes, du même ensemble de circonstances. Ainsi la vue, pendant mon sommeil, d'un prêtre de mes amis habitant Marseille, où est ma famille, ami encore vivant et bien portant, est toujours l'annonce d'une mort parmi les miens !

« En 1869 — vous voyez que ce n'est pas d'hier — je le vis, cet excellent abbé. Il se trouvait à son poste, devant l'autel, revêtu du surplis et paraissait méditer devant les livres saints. J'étais dans l'église, à l'écart, et je le regardais de tous mes yeux, ne pouvant détacher ma vue de la blancheur vaporeuse de son vêtement qui ressortait comme une grande tache claire dans le jour fumeux que donnaient quelques rares bougies éloignées. J'étais ému par le silence solennel du lieu, fasciné par l'attraction singulière que je subissais, remué par une crainte que je ne pouvais définir et je ne savais absolument pas ce que je faisais dans cette église, ni de quelle nature presciente était mon rêve. Je ne voyais pas la figure de mon ami qui me tournait presque le dos, et nulle autre personne, que lui et moi, ne se montrait autour de nous.

« Bientôt le prêtre se retourna ; il me fixa un moment, comme s'il eût voulu s'assurer de mon identité, puis s'avança gravement, lentement, jusqu'auprès de moi pour me toucher le bout des doigts. J'allais le questionner : il avait disparu.

« Le lendemain j'apprenais par le télégraphe, là où j'étais, que mon jeune fils, pris d'une violente cholérine, depuis vingt-quatre heures seulement, était mort dans la nuit !...

« Depuis j'ai toujours revu mon ami, dans la

même église, et lorsqu'il vient ainsi, grave et recueilli, me toucher le bout de la main, dans un geste solennel, je suis certain d'être frappé par un malheur. J'ai connu de cette façon, avant l'annonce télégraphique ou épistolaire, la mort de la plupart de mes parents.

« Notez qu'il n'y a pas, chez moi, en temps ordinaire, la moindre exaltation ; je ne suis pas d'un caractère nerveux, inquiet, irrégulier ; bien que violent quelquefois, je suis calme, apathique même, peu communicatif, vous le savez. Ce dernier défaut — ou qualité, comme vous voudrez — est même, chez moi, porté à l'extrême. Jamais, dans ma famille, je ne me suis plaint de qui que ce soit ; j'ai toujours refoulé mes rancunes et mes colères, n'en laissant jamais rien paraître à l'extérieur, les gardant comme de précieux secrets ; mais quand je me suis laissé aller à la haine d'un homme, cet homme n'a pas tardé à être frappé. Aussi j'ai peur de mes sentiments qui me semblent liés à une sorte de fatalité.

« Ainsi j'ai connu, jadis, un individu avec qui j'eus un démêlé administratif à la suite duquel il resta mon ennemi. Depuis longtemps je l'avais perdu entièrement de vue, — une vingtaine d'années pendant lesquelles je ne pensai pas, je crois, deux fois à lui. Il y a quelque temps, je ne sais pourquoi, sans aucun motif, je fus hanté de son souvenir d'une manière incroyable : une obsession de tous les instants, un assaut acharné des événements auxquels nous avions été mêlés tous deux. Je repassai ainsi sa conduite blâmable et plusieurs fois, sans que je pusse m'en défendre, le souhait de le voir tomber dans le malheur domina mes pensées. Pendant trois jours je souffris positivement de cette évocation obstinée que je ne pouvais chasser et, le quatrième, les journaux m'apprenaient qu'il avait été tamponné par un train de chemin de fer et tué sur le coup !

« Cela est absurde, je suis tenté de me refuser à le croire moi-même, armé de mes connaissances incomplètes et dans mon inexpérience des sciences encore peu connues, comme le magnétisme et la suggestion ; je pense aux coïncidences, mais cela est, cependant, et, depuis trente ans, je suis dominé par la pensée de cette manifestation extraordinaire d'une énergie inconnue qui se manifeste en moi sous une forme aussi frappante.

— C'est en effet incompréhensible », répondis-je pour dire quelque chose, car mon ami C... m'intéressait trop pour ne pas chercher à encourager ses confidences ; « j'ai souvent pensé à ces problèmes, dans ces derniers temps surtout qui nous ont montré, de ce côté, des choses que l'on est tenté de traiter, en l'état, de surnaturelles.

« Ne sont-elles pas déjà anciennes ces questions soumises aux expériences vraiment sérieuses des maîtres d'hier et qui n'ont pas encore passé dans le domaine public ? Un œil clairvoyant les avait entrevues dans le trouble et le mélange de faits mal établis, de principes vrais et faux, de préjugés, et c'est à peine si elles avaient été vaguement exprimées.

« Quels mystères se cachent au fond de ces manifestations dont nous sommes impuissants à saisir les liens ? Quelles causes donnent naissance à ces effets étonnants, à ces paradoxes effrayants pour notre esprit ? Quel siècle verra la solution de ce troublant problème de la relation psychique des êtres entre eux ? Comment s'établit cette relation ? Y a-t-il une émanation impondérable, déterminée par une fonction du milieu dans lequel s'agitent les éléments vitaux, mise en mouvement par la volonté même, susceptible de transmettre à distance, — comme une série d'ondulations éthérées, — les sensations fortement ressenties, lesquelles seraient reçues par un sens intime dont nous n'avons pas conscience? Une action de cette nature se produit-elle entre tous les hommes, entre tous les êtres même, évidemment avec des intensités très différentes, dans certaines conditions de milieu et sous l'influence d'affinités particulières? Qui sait combien souvent nous nous trouvons sous l'influence de cette puissance venant d'en dehors de l'être, sans que nous en ayons le sentiment? Qui affirmerait que nos actes les plus voulus ne lui sont pas soumis ou, au moins, ne sont pas modifiés par elle? Nous sommes, il est vrai, toujours prêts à nier l'existence de faits que nous ne comprenons pas, faute d'un sens spécial pour le percevoir ; ainsi la réalité de la lumière n'a jamais été niée puisque le sens de la vue nous permet de l'apprécier sous tous ses aspects et dans ses modifications perceptibles ; mais l'électricité, par exemple, aurait pu, longtemps encore, rester dans le domaine de l'inconnu, si elle ne s'était manifestée à nous sous une forme saisissante, par ses effets sur les sens de la vue et de l'ouïe, à défaut d'un sens spécial. De combien de forces, d'agents naturels, d'énergies ne devons-nous pas être entourés dont l'état actuel de nos connaissances ne nous a pas permis encore de soupçonner même l'existence ! Mais je vous avoue être étrangement impressionné d'avoir devant moi un exemple de cette faculté qui a toujours, jusqu'ici, figuré parmi les faits niés, attribués au charlatanisme des uns ou à l'imagination en délire des autres. On en connaît cependant des cas sincères. Ne vous souvient-il pas de je ne sais quel écrivain, de nos meilleurs, qui se trouvait dans un état psychologique analogue, averti, au moment même, de cette façon intime, inexplicable, des mouvements de santé de son frère qu'il affectionnait fort ? »

Mon ami m'écoutait attentivement d'un air méditatif. Nous étions maintenant sur un ton de causerie calme qui n'admettait pas une excitation exceptionnelle. D'ailleurs, pendant le cours de son récit, son visage n'avait jamais montré une expression surnaturelle ; ses yeux, cependant, brillaient d'un vif éclat et semblaient parfois ne pas appartenir à ce visage calme qui me parlait de ces faits extraordinaires. Il demeura un instant en silence, considérant certains jeux de lumière au fond de son verre vide, puis il reprit :

— Puisque je suis sur ce sujet, pour la première fois, je veux vous raconter encore un des jours les plus terribles de mon existence, un de ceux qui ont laissé les plus profondes traces dans mon souvenir, dont les moindres détails sont encore présents à ma mémoire comme s'ils s'étaient passés hier.

« C'était en 1881, le 14 août. Nous étions partis le matin, avec quelques amis, pour Ensuès, non loin de Marseille, avec l'intention d'y chasser, l'idée de sortir un peu de l'atmosphère chaude et dense de la ville, de prendre un bain d'air. Sans être un fervent disciple de saint Hubert, j'ai toujours été amateur de ces promenades; la vue de la verdure me vivifie et l'air de la campagne me fait l'effet d'une médecine bienfaisante. Mais le soir je fus préoccupé au point d'attirer l'attention de mes camarades qui ne me ménagèrent ni les critiques ni les sarcasmes. Ils faisaient, sur mon esprit, un douloureux effet, quelque chose comme un éclat de rire devant un cadavre. Enfin, hanté d'un violent désir de retourner à Marseille, je passai assez tristement la soirée, obligé de rester par force, car on m'aurait, je crois, plutôt attaché que de me voir abandonner la partie dans son cours.

« Je restai donc, et tâchai de faire, comme l'on dit, contre mauvaise fortune bon cœur.

Je riai à faux, je m'agitai et me fis obstacle pour refouler mes appréhensions. Enfin, le moment venu, je me retirai dans ma chambre avec un serrement de cœur que je connaissais bien. Assailli de craintes vagues, je n'arrivai pas à dormir ; ma lampe éteinte, il me sembla voir, dans les ténèbres, des courants aériens qui s'entrecroisaient et convergeaient tous vers moi pour me solliciter. J'essayai de me lever et rallumai ma lampe, mais je ne pus trouver le repos ni au fond d'un grand verre de cognac, ni dans les fumées de nombreuses cigarettes. J'étais attiré vers la porte avec une force à laquelle je résistais mal. Je l'ouvris, je regardai au dehors : le corridor était noir ; seuls les battements cadencés d'un coucou de foire rompaient le silence. Je la refermai car comment partir à cette heure, la deuxième après minuit ?... Je ne connaissais guère ces lieux où je venais pour la première fois et ne savais comment m'y prendre, ni s'il y avait seulement des trains de nuit passant par là. Je me recouchai donc et tentai de dormir, ce à quoi je réussis. Mais bientôt je revins, dans le rêve, à la vie inconsciente. J'étais dans la même église qui m'était déjà malheureusement connue, en présence du prêtre, mon ami, qui officiait gravement devant un autel à peine éclairé. Et soudain il se leva, vint à moi, triste, grave, pour toucher l'extrémité de mes doigts, en me regardant fixement comme s'il eût voulu faire passer toute une phrase, un avertissement, dans son regard.

« Était-ce l'effet de ma veille ? le lendemain je dormis tard ; mes amis m'avaient laissé reposer et ils retournaient déjà d'une excursion, de joyeuse humeur, heureux comme des pinsons un beau matin de mai. Cruel contraste ! j'étais, moi, triste à pleurer. Ils furent frappés de l'altération de mes traits et je leur fis part de ma résolution absolue de prendre le premier train. Cette fois nul ne chercha à me retenir : je portais, sur mon visage, de quoi les persuader. J'allais descendre, quand un de nos camarades, qui s'était attardé la veille, arriva. Il nous serra la main et jeta négligemment, sur un meuble, un journal du matin dont je m'emparai avidement en y portant un coup d'œil rapide. Mon premier regard tomba sur les mots « Catastrophe du Prado, » s'étalant, en tête, en grandes capitales qui me parurent alors immenses. C'était un effondrement du plancher des arènes, au moment d'une course de taureaux : la moitié des spectateurs jetés pêle-mêle au milieu des matériaux disjoints de la construction. De suite je fouillai les lignes du regard, la liste des blessés et des morts, et je vis d'abord, parmi les premiers, le nom de mon beau-frère ; mais je cherchai encore comme si j'eusse dû y trouver autre chose. Je sentais, en effet, que mon trouble de la veille n'était pas justifié entièrement par cet accident ; j'aimais bien mon parent, mais, en somme, il n'était que légèrement blessé et il n'y avait pas lieu de s'alarmer outre mesure. Non ! Il y avait autre chose…

« Notez bien qu'il me serait impossible de vous traduire par des mots l'impression exacte que j'avais ressentie, que je ressentais encore. Cela était comme un indéfinissable sentiment de gêne, une angoisse inexprimable, une chose si intime qu'elle paraissait ne prendre naissance au sein d'aucune de mes facultés connues, une fascination, une attraction dont je ne me rendais compte que par l'état mental dans lequel je me trouvais.

« Je cherchai de nouveau, je ne savais quoi, une autre catastrophe peut-être, et je ne trouvai rien. Je jetai le journal, je pris mon chapeau, après m'être excusé, et partis.

En route j'eus la fièvre, une fièvre d'attente,

de crainte, de doute.., non de doute, de certitude ! Enfin j'arrivai chez mon beau-frère. Il était allongé et il pleurait. Sans lui laisser le temps de parler, je l'interrogeai avec impétuosité : « Qu'y a-t-il ? Que se passe-t-il ? Vous êtes blessé... peu grièvement, Dieu soit loué !... Je l'ai vu ; mais encore ? Autre chose est arrivé..., parlez vite...., je le sais...., j'en suis sûr !...

« Ma mère était morte dans la nuit !..... »

. . . .

Ce souvenir, qu'il venait d'évoquer dans tous ses détails, devant moi, après l'examen rapide qu'il m'avait soumis de son être psychologique, avait abattu mon ami, et il était tombé dans une morne méditation, la tête dans ses mains, le coude sur le marbre froid de la table.

Je respectai son silence un moment ; puis je lui dis, avec affection, de ces mots si faibles devant certains sentiments, si impuissants à formuler une consolation venant du cœur, qu'ils font regretter de ne pouvoir s'exprimer par des sensations et non par des paroles.

Il se remit cependant, secoua ses pensées comme un fauve secoue sa crinière, me promit de dresser, à l'avenir, le journal exact de tous les faits se rapportant à son étrange faculté et me serra, en sortant, les mains avec effusion.

Quelques jours après nous partions, chacun de notre côté, tous deux en Orient. Le reverrai-je jamais ?...,

Marseille, Juillet 1892.

PAUVRE SIVA !

PAUVRE SIVA !

Pauvre Siva !.... Je l'avais ainsi nommée en souvenir d'un excellent compagnon qui a parcouru bien du terrain derrière mes bottes, dans les jungles et les brousses singhalaises. Toutes deux amies de quelques jours seulement, toutes deux si dévouées, si attentives à mes moindres mouvements, toutes deux si intelligentes avec leur museau pointu qui laissait voir parfois les belles rangées laiteuses de leurs dents acérées, l'une et l'autre eurent un sort fatal : la première tuée par l'inexorable poison municipal, au retour d'une lointaine excursion, l'autre.......

C'était un soir que je rentrais tard, après une soirée humide passée en plein air devant des acteurs consciencieux mais médiocres, — un théâtre d'été comme on en trouve dans tout l'Orient —. J'avais pris une rue sombre, tout près de celle que j'habitais, et je barbottais dans cette boue noire qui couvre les rues de la capitale ottomane d'un stuc poisseux après les pluies, dissimule les trous, les inégalités, les interstices larges des pavés, quand soudain je m'arrêtai brusquement, violemment secoué, dans ma rêverie, par un cri de douleur suivi de plaintes longues, réitérées. Cinq ou six de ces misérables chiens de Constantinople, noirs de boue, maigres, hâves, pelés, écorchés, peureux, se levèrent sous moi et s'éloignèrent lentement en me regardant de travers avec un air de reproche. Celui sur la patte duquel j'avais marché geignait à fendre l'âme ; il y avait je ne sais quoi de plaintif et de poignant dans ses hurlements atténués, dans les modulations descendantes de ses cris répétés en sanglots, comme toute une série de reproches amers. « Dieu des chiens », semblait-il dire, « ne sommes-nous pas assez malheureux le jour, frappés, cinglés, cognés, écrasés à chaque coin de notre bout de rue qui n'est cependant pas bien grand, et dont nous ne pouvons bouger sous peine d'être étranglés par les camarades des autres bouts, pour qu'on ne nous laisse dormir en paix, la nuit..., seul moment où nous puissions oublier nos misères, nos faims, nos luttes continuelles !.... » Et je crus deviner toute une suite de réflexions amères, comme si entre l'animal et moi venait de se produire une relation intime et compréhensible.

Je m'arrêtai et m'approchai de la pauvre bête qui se dirigeait vers ses quatre ou cinq compagnons déjà accroupis, trois pas plus loin, pour un nouveau sommeil, et qui levèrent la tête, à mon approche, avec une crainte nouvelle d'être dérangés. Elle eut peur, se recula de quelques pas comme pour fuir, ramena sa queue, baissa la tête et me regarda, avec un œil apeuré de petit enfant qui ne comprend pas. « Etre misérable », pensai-je, « pitoyable, livré à la malignité stupide d'une espèce supérieure qui te méprise dans tes qualités, que n'ai-je une compensation à t'offrir pour le mal que je t'ai fait ! »

De suite je l'appelai Siva, comme ma chienne singhalaise, et, me baissant, tandis qu'elle se rapetissait encore, prise de peur, secouée de ce frémissement particulier de la chair qui sent tomber le fouet, je la caressai du bout des doigts. Alors elle reprit confiance; la joie, une joie surhumaine, brilla dans ses grands yeux ronds, éclata dans sa pose, dans ses mouvements, dans tout son corps osseux frissonnant de plaisir. Et je me demandais, dans ce moment, si la joie d'un être humain serait de même nature confiante et reconnaissante, aussi franche et aussi intense que chez cet animal, ici abandonné, malheureux, à qui tant d'hommes, dits bons, refusent de reconnaître l'intelligence, le dévouement, le courage, l'affection, l'abnégation, toutes qualités réunies ensemble chez la plupart des unités de cette race de bêtes et si rarement groupées dans celles de notre race humaine ! Combien d'amères pensées me saisirent pendant l'instant si court où je frôlai son poil malpropre !

A ce moment, un paquet tomba d'en haut, des fenêtres, un ramassis d'épluchures retardataires dans un journal qui se creva en arrivant à terre, et la bande se rua ensemble sur cette aubaine nocturne, avec des grognements sourds de lutte qui couve. Mais Siva resta près de moi, sans hésitation, sans regrets, et regarda, de loin, ses camarades se disputer une maigre pitance.

Quelques mots m'avaient donc fait son ami, et, quand je m'éloignai, il me sembla qu'elle me remerciait de cette preuve d'intérêt, du mal même que je lui avais fait et qui venait de lui donner un rare bonheur. Elle me suivit et je rentrai chez moi, à quelques pas de là.

Ces chiens de Constantinople sont une espèce

curieuse de bête, un mélange de loup et de chacal dans l'aspect, d'agneau et d'enfant dans le caractère, un des meilleurs souvenirs qu'on emporte de la capitale ottomane quand on l'a habitée quelque temps et qu'on a su les apprécier. Pour quelques auteurs, c'est même le seul, avec la féerique vue du Bosphore.

De tempérament essentiellement indépendant, aimant par-dessus tout sa patrie, c'est-à-dire son bout de rue, son impasse noir, avec ses pierres, les trous dans lesquels il s'est couché chaque jour des années durant, où il a joué, rêvé; je dirai même aimé, il n'est pas aventurier ; de mœurs modestes, point ambitieux, seul le sol qui l'a vu naître lui plaît. Très vorace d'appétit, il est aussi très sobre, content de peu, ne demandant impérieusement que de reposer, de dormir, car il est très paresseux. La nonchalance, l'inaction poussée jusqu'à l'inertie est, en effet, son plus grand défaut, comme il est le moindre chez les gens de ce pays. Allongé à terre, dans l'eau, dans la boue, dans la neige, en tas méconnaissable de forme et de couleur, ou isolé, étendu en corps mort dans une anfractuosité favorite toujours la même, il faut une bien grande raison pour le déranger. Le passant, le cheval font un détour, ou l'enjambent, mais lui ne bouge pas... à moins qu'il n'entende, sur le sol, le bruit du bâton, ou d'une canne qui a le don de réveiller de suite ses craintes. Alors le moindre mouvement qui peut paraître hostile le fait fuir, la plupart du temps sans protester.

Partout on le voit triste, marchant lentement, les yeux mi-clos et, lorsqu'il s'arrête, c'est qu'il a une raison : il est devant la boutique d'un boucher ou d'un marchand quelconque de victuailles. Chaque magasin a sa bande attitrée dont les membres, assis, graves, patients, surveillent la porte en se surveillant les uns les autres, jusqu'à ce qu'il en sorte quelque chose. Là l'alerte est constante, mais que l'un d'entre eux réussisse à prendre le moindre résidu, le plus petit os à ronger, et il est satisfait ; doucement il s'éloigne pour aller se terrer dans son coin favori qu'il ne quittera que le lendemain si rien ne vient troubler son repos.

On reconnaît bien vite qu'il y a, dans chacune de ces petites tribus de quartier, une organisation, lorsqu'on les examine quelque peu, qu'on les étudie. D'abord le chef, un grand chien, souvent aussi hâve, que les Turcs appellent le *capitan-pacha*, un régicule qui gouverne en payant de sa personne, toujours le premier quand les sentinelles signalent un ennemi et le dernier au combat. L'ennemi, c'est le chien de la tribu voisine, le chien de robe et d'allures différentes des siennes surtout, le mendiant inconnu au quartier, le malfaiteur, et, sous ce rapport, il ne contribue pas peu à la sécurité nocturne de la ville. Jamais il n'aboie à un pas ami qu'il sait reconnaître de très loin, à une silhouette familière, mais l'intrus soulève, sous ses pas, de bruyantes protestations dont le résultat est de le faire réfléchir, s'il est mal intentionné, et de prévenir les habitants. Certes il n'y a pas que des cambrioleurs qui traversent parfois, la nuit, un quartier point familier, mais la bonne bête sait reconnaître, sentir un ennemi. L'habit, pour le chien comme pour l'homme, fait souvent le moine, mais mieux que l'homme le chien sait voir derrière.

Très batailleur, il ne cède que complètement victorieux ou vaincu. « Ce qu'il y a de très curieux et de très comique, dans ces batailles, » dit le docteur Mavroyéni pacha, médecin du Sultan, qui a écrit d'intéressantes notes sur les chiens de Constantinople, « c'est l'attitude que le vaincu prend à la fin de la bataille et qui consiste à se coucher humblement par terre, la queue entre les jambes et collée sur le ventre, le train de derrière écarté et fléchi, la tête baissée, la langue pourléchant les lèvres. Ce sont là les signes d'une soumission et d'une capitulation absolues. A ces conditions le vainqueur le laisse libre de partir, de retourner dans son quartier ou de s'inscrire parmi les citoyens du quartier du vainqueur. On ne lui impose aucune sorte de rançon. Le général vainqueur se contente seulement de lever l'une de ses pattes de derrière, et.. .. d'arroser le vaincu. Ensuite il le laissse partir. »

Et l'auteur cite encore, comme preuve d'extraordinaire intelligence, le fait d'un de ces animaux trouvé un jour à sa porte avec une patte cassée, qu'il soigna, qu'il guérit et qui, un an après, lui amena, à la porte même, un de ses camarades auquel le même accident était arrivé.

Quoi qu'on en ait dit, la race n'a pas dû trop varier dans ses caractères par les éléments importés depuis la guerre de Crimée. D'ailleurs de légères intrusions doivent s'être effectuées à toutes les époques, mais elles se sont perdues, fondues dans la masse et l'ensemble.

En somme, pour une bonne part, celle des quartiers musulmans, ces chiens de la capitale turque ont eu peu à souffrir dans leur tranquillité de race heureuse, aussi n'ont-ils point d'histoire. Cependant le sultan Mahmoud II, qui extermina les Janissaires, faillit bien exterminer aussi les chiens. Un Anglais pris de boisson, — par hasard, — fut trouvé, un matin, sans vie, avec de nombreuses preuves que les chiens n'étaient pas étrangers à sa fin. L'ambassadeur s'en mêla et l'extermination de la race animale coupable fut décrétée par le Chef des Croyants. Mais le peuple ne l'entendait pas ainsi ; on murmura, on se remua et malgré l'ordre impérial, les caïques chargés de condamnés arrivèrent mal à l'une des îles de la mer de Marmara, alors inhabitée, Proti, où le souverain avait consenti à les exiler plutôt qu'à les faire massacrer, pour répondre au désir de la population. Ceux qui y furent déposés repassèrent l'eau à la nage ; d'autres furent portés sur la côte, un peu plus loin, et revinrent. Bref l'édit fut rapporté quelque temps après et les excellentes bêtes autorisées à reprendre leur existence séculaire.

Il y eut aussi une époque douloureuse dans leur histoire : c'est au début de la guerre de

Crimée. Les soldats français et anglais, à leur arrivée, commencèrent par en faire un terrible massacre ; mais cette hostilité ne dura pas longtemps, et, peu à peu, ils s'y habituèrent tant et si bien qu'ils devinrent leurs meilleurs amis.

Il y a, à propos de la place que tient le chien dans la vie turque, une anomalie peu compréhensible et qui ne m'a pas été expliquée. Pour les Turcs, le chien est l'animal immonde, impur par excellence ; ils ne le touchent jamais et le poussent avec le pied quand ils auraient à y mettre la main. Une de leurs plus communes injures est de dire «chien»(*kieupek*), et laisser entrer l'animal dans leur demeure serait une souillure. Comment se fait-il qu'en même temps il soit favori? Que jamais on ne voie un musulman le battre, cela peut s'expliquer par les lois générales religieuses, de même que le fait de les protéger, de les secourir au besoin. Mais quelle raison donner de l'acte de ces Turcs qui laissent, par testament, des sommes parfois élevées pour l'entretien des chiens de leur quartier, de la meute amie, jusqu'à la fin de leurs jours et même à perpétuité? Est-ce parce que Mahomet était suivi d'un nombre important de ces quadrupèdes qui partageaient ses triomphes ?

Que de fois n'ai-je pas vu, au plus gros de l'agitation du bazar, à Stamboul, la ville turque, toute une population compacte faire un détour devant une malheureuse famille de chiens, avec de petits êtres à peine nés, grouillant dans la boue noire au milieu même de la rue, pour ne pas les fouler aux pieds. Et il se trouvait toujours quelqu'un parmi les moins pressés ou les plus humains, — mais toujours un Turc, — qui s'arrêtait pour pousser le long d'une boutique, ou dans un coin quelconque, la nichée entière que la mère suivait, contente.

Aujourd'hui, cependant, la race constantinopolitaine traverse une ère difficile. Le progrès qui est entré au quartier franc, à Péra et à Galata, comme partout, sous mille formes, les attaque chaque jour ; les mains idiotes et méchantes des chrétiens les torturent plus que jamais ; les tramways les écrasent sans pitié ; enfin les toxiques les empoisonnent, — les pharmaciens deviennent si nombreux ! Ils disparaîtront peut-être lentement, et alors la légende pourra dire qu'il fut un jour, là, une race de bêtes dont les vertus, les hautes qualités étaient dignes d'être chantées par les poètes.

Laissons de côté, maintenant, les questions

générales, et retournons à notre nouvelle et déjà excellente amie Siva.

Le lendemain en sortant, à deux pas de ma porte, je la rencontrai : elle me reconnut et je lui fis mon salut d'un mot qu'elle parut très bien comprendre. Elle leva vers moi son museau triste d'être honni, s'avança par gambades et je lus, dans ses yeux, le regret de ne pouvoir parler une langue intelligible dans laquelle elle aurait eu tant de choses à me dire. Ah, comme je comprenais bien toutes ses protestations d'amitié, ses promesses de dévouement, l'offre entière de sa vie qu'elle me faisait pour ce que je lui avais donné, à la fois tant et si peu, un mot et une caresse, preuve d'affection si rare, si précieuse dans sa malheureuse existence. Elle m'accompagna quelque temps, tournant autour de moi, sautant au devant de mes pas sans respect aucun pour mes habits qui s'étoilaient de taches de boue éclaboussée, puis, comme à regrets, elle dut rester en arrière, dans la zône de rue que sa naissance lui avait assignée, car les chiens de la république voisine, hurlant méchamment, commençaient déjà à lui montrer les dents.

En me retournant, je la vis immobile à la même place, me regardant partir sans remarquer l'hostilité dont elle était entourée et les menaces qui éclataient de tous côtés.

J'avais maintenant une amie dévouée. Certes elle n'était pas belle, ne portait ni chapeau à la mode, ni corsage irréprochable, ni robe de tailleur en renom, ni bijoux, ni lorgnon, ni souliers vernis ; mais je sentais que ce crâne rond, ce museau pointu, ces petits yeux brillants, vifs, doux, pleins de pensées, ces oreilles courtes, ce poil roux, sale, maculé, raide, long comme un poil d'ours, toute cette surface piteuse de corps maigre et misérable cachaient un cœur susceptible peut-être du plus sublime dévouement.

Le soir, au café, au milieu de mes connaissances vieilles et nouvelles, je pensai à mon amie Siva et lui réservai le reste du sucre de mon café. Fut-elle heureuse quand je la rentrai ! Reconnu de loin, elle vint à ma rencontre comme on accourt à un rendez-vous, avec la hâte du plaisir. Ayant reçu mon offrande délicatement du bout de ses longues canines, elle la croqua en me suivant, et il y avait tout un long discours dans les mouvements de sa queue en trompette battant l'air de joie, dans ses petits sauts où elle paraissait mettre de la coquetterie, au bout de son museau tourné vers moi et dans ses yeux qui semblaient pleurer de ne pouvoir m'exprimer de la reconnaissance autrement que par le regard !

A ma porte elle me quitta, bien malgré elle ; et moi aussi je fus pris de regrets, car l'idée m'était venue de l'adopter entièrement, de lui offrir mon gîte, — compassion pour l'être souffrant, abandonné sur le pavé boueux à la méchanceté stupide et inutile de l'homme. Mais le portier arménien qui se tenait droit devant moi, et s'effaça pour me laisser entrer, me rappela à la situation. D'un mouvement brutal du pied, il repoussa l'animal dont la pose, les deux pattes sur l'escalier dans l'attitude de l'attente, indiquait une prière, et, avant que j'aie pu me retourner, la lourde porte de bois était déjà refermée. Il me vint presque du remords, une crainte que ma nouvelle amie n'eût pas compris, qu'elle ne m'accusât, dans son jugement de bête, d'indifférence ou de faiblesse. J'aurais voulu rouvrir la porte, lui parler et peut-être lui faire comprendre que je ne pouvais, qu'elle serait entrée dans une maison ennemie où elle aurait eu à souffrir plus encore, où j'avais peu à rester pour la protéger, et bien d'autres choses ; mais j'eus une honte de cet homme, derrière moi, qui me regardait. Et je montai, après avoir pris ma lampe sur une table et ma clef pendue à côté de dix autres, le long du mur, me promettant bien de me faire pardonner le lendemain. Pendant que je gravissais l'escalier de bois qui craquait tristement sous mes pas, j'entendis les coups de bâton sonores du gardien de nuit, le *beckchi*, raisonner lourdement sur le pavé, et je pensai à Siva qui pouvait avoir été dérangée, battue peut-être au seuil de l'entrée où elle avait dû s'accroupir sur la trace de mes derniers pas, en attendant le lendemain.

Je la vis, depuis, chaque jour, car elle était entrée dans ma vie, et non pour la plus minime part de mes satisfactions quotidiennes. Le matin, je la trouvais devant ma porte, attendant patiemment ma sortie et, dès que je paraissais, elle me faisait fête. C'était elle aussi que je cherchais, en arrivant à ma rue, au milieu de ses cinq compagnons qui n'étaient point jaloux de ma faveur, de son poil maintenant propre, du coin adopté et conquis définitivement devant ma demeure, de toutes mes attentions dont ils profitaient aussi à l'occasion. Bien au contraire, tous venaient à la file, derrière elle, quand elle s'avançait à ma rencontre, mais plus lentement, à distance, comme s'ils n'avaient pas voulu usurper un droit qu'ils comprenaient ne pas leur appartenir.

Siva m'était donc devenue comme une nécessité et je crois que j'aurais été chagrin si elle m'avait montré de la froideur. Au milieu de la grande indifférence du monde, cette affection de bête sensible, spontanée, si peu motivée, si égale et si ardente dans ses manifestations, m'emplissait le cœur d'une vive compassion, me faisait monter au cerveau des besoins de tendresse qui m'étreignaient, et des regrets de les voir se perdre, exhalés dans un soupir.

L'Arménien, le portier, ne maltraitait plus mon amie : il avait compris qu'il y allait de ses intérêts, de son pourboire mensuel, mais je voyais souvent un sourire d'ironie et de méprisante pitié errer sur sa bouche, sous ses grandes moustaches noires. Comment nous jugeait cet homme, m'aurait été intéressant à savoir ; mais, entre moi et la bête, certainement l'avantage ne devait pas être de mon côté, — idée dont je me consolais facilement, d'ailleurs. Sur ma demande, il l'avait nettoyée et était arrivé à lui faire régulièrement sa toilette, avec des attentions supplémentaires toutes les fois qu'elle était éclaboussée par une charrette ou salie par le coup de pied de brute d'un passant. Sachant que ma reconnaissance *sonnante* pour lui était en raison directe de l'intérêt qu'il montrait à l'animal, il ne manquait jamais l'occasion de lui prodiguer, en ma présence, des soins qu'il n'eût peut-être pas donnés à son enfant en toute liberté d'action. Il lui parlait, tandis qu'elle se laissait faire avec une petite mine dédaigneuse de bête qui comprend, et, quand le poil bien propre, bien lisse, elle se retrouvait libre, elle paraissait toute fière de se sentir plus digne, heureuse de pouvoir venir se frotter, en toute sécurité, à la chaleur de mes jambes. Puis, le soir, après ces jours de baignade, je la retrouvais quelquefois aussi malpropre, aussi maculée de boue, les pattes semblables à des frottoirs d'évier et le poil collé au corps. Alors je lui faisais des reproches sérieux, mais elle ne les comprenait pas dans sa joie de m'entendre lui parler, sourde à ma colère feinte qu'elle calmait avec ses gentillesses.

Les heures des repas avaient été, au début, un peu troublées. D'abord, la bande entière s'était ruée sur l'Arménien qui apportait une pâtée faite avec tous les restes de la maison et vingt paras[1] de pain noir que

---

[1] Environ 0 fr. 10, la moitié de la piastre de 40 paras.

j'y faisais ajouter ; mais, après quelques corrections administrées avec plaisir par l'homme énervé de sa tutelle forcée, tous avaient compris qu'ils devaient céder le pas à Siva. Celle-ci s'installait en pacha, sa cour derrière elle attendant le moment, et c'était plaisir que de voir ces cinq malheureuses bêtes maigres, meurtries de cicatrices profondes où la peau rose se découpait dans une trouée du pelage, le museau fauve sillonné de lignes noires des blessures anciennes, assises respectueusement, suivant chaque mouvement de leur compagnon, tirant la langue, clignant de petits yeux qui allaient alternat'vement du chien au portier, allongeant timidement une patte sitôt retirée, agitant leurs oreilles de frissons d'impatience, et se jetant à leur tour sur le plat devant lequel ils se reconnaissaient égaux, se dépêchant sans colère.

Toute la bande, six têtes, refluait peu à peu vers ma porte ; leur quartier général avait été établi là, à la grande indignation de leurs voisins qui les sentaient trop près d'eux, trop à portée des aubaines pouvant se présenter sur leur terrain, et qui étaient toujours disposés à montrer les crocs dès que l'un d'eux approchait. Il y avait eu huit jours de luttes continuelles, de prises au corps terribles dispersées à coups de gourdin par les passants, à la suite desquelles ils se regardaient les uns les autres en grognant sourdement des heures entières. Siva, pendant toute cette période d'agitation, s'était montrée inflexible, bataillant avec acharnement et se jetant toujours la première au milieu de la mêlée, comme si elle eût compris que, cause du conflit, défendant un terrain sur lequel elle avait planté son pavillon, elle avait le devoir de se montrer à la tête de l'attaque et de couvrir la retraite. Aussi que de travail pour l'Arménien qui la surveillait en paressant devant la maison ; quelle attention pour que, arrivant le soir, je ne la retrouve pas souillée de la queue à la tête ! Il y perdait sa langue, le pauvre homme. Ensuite, les belligérants s'étaient calmés. Les incursions des nouveaux venus sur le territoire adjacent avaient été peu nombreuses, les voisins paraissaient avoir interprété dans son vrai sens le déplacement de la colonie jusque près de leur ligne frontière, et ce fut un fait accepté ; la paix signée, tous vécurent en bonne intelligence.

Peu de temps après, un soir en rentrant, je fus étonné de n'être pas reçu par mon amie ainsi que d'habitude, de ne pas voir sa silhouette jaune accourir vers moi du plus loin qu'elle m'apercevait, et je la trouvai accroupie dans l'ombre de ma porte. Elle se leva à mon approche et me reçut à l'escalier en gambadant, contente comme toujours. Mais le lendemain, en sortant, je connus la cause de ce changement dans ses habitudes : couchée en demi-cercle sur le flanc, les jambes allongées, Siva prêtait le ventre à trois ou quatre petits tous gris, très laids, grouillants, qu'elle regardait avec tendresse. Elle ne remua pas, me jeta un regard d'excuse et s'occupa à chercher une position commode pour sa nichée. Et je pensai à cet immense abandon de petits êtres dans la boue de la rue, cognés aux murs, enfoncés dans les trous fangeux, livrés à tous les dangers, meurtris, écrasés, repoussés de partout, et aussi à cette implacable nécessité qui est une loi de l'ordre naturel des choses, la disparition d'une partie des êtres au bénéfice de l'autre partie. Que deviendrait, en effet, la capitale ottomane sans les dangers constants qui entourent ses chiens à leur naissance? Une ville de bêtes auxquelles l'homme devrait céder la place, car leur nombre est immense.

Après s'être montrée amie dévouée, Siva se révéla mère irréprochable. C'était un plaisir de voir le partage qu'elle faisait de son affection à chacun de nous, ses hésitations entre sa nichée et son ami, ses craintes lorsqu'elle quittait celle-là pour celui-ci, ses retours subits auprès de sa famille quand son premier mouvement l'avait amenée vers moi, ses tendresses, ses inquiétudes, ses dévouements. Avec quel œil vigilant elle surveillait la frontière et dévisageait la tribu limitrophe quand l'un d'eux faisait mine d'approcher de trop près ! Sa cour était toujours là, derrière elle, aux heures des repas, impassible, attendant patiemment son tour, semblant avoir compris qu'une obligation de plus était née à leur camarade, qu'une raison de plus leur imposait le respect.

L'Arménien, de son côté, ne cessait pas ses soins ; jamais il ne manquait de faire la toilette de ma protégée, et vraiment, malgré l'intérêt matériel qui faisait agir cet homme, je lui en avais de la reconnaissance.

Hélas ! le destin des bêtes, comme celui des hommes, a des surprises et des coups subits. Le bonheur de mon amie ne fut pas de longue durée. Un jour que, pour faire prendre le soleil à sa petite famille, elle l'avait traînée jusqu'au milieu de la voie ; tandis que, accroupie sur le flanc, elle la laissait s'ébattre à l'aise autour de son ventre, une voiture vint à passer, rapide, descendant la pente au galop. Que faire ? Un jeune était déjà hors de danger ; Siva s'apprêtait à emporter les autres, quand elle fut prise, renversée, clouée au sol par le sabot de l'un des chevaux, et, dans un seul cri d'agonie, se trouva sous la roue du véhicule. Elle resta sur la place, aplatie, les yeux tournés vers ma porte, les lèvres sanguinolentes, son museau pointu allongé sur un paquet de boue molle. Et deux de ses petits étaient contre elle, écrasés, mis en une bouillie méconnaissable de poil et de sang...

Le soir, quand je rentrai, je ne vis plus mon amie accourir au bruit de mes pas ; on me montra la place, rouge encore, où elle était restée, sacrifiée à son dévouement de mère, la place où sa dernière pensée peut-être avait été pour son ami absent. Je fus pris d'une émotion réelle, une larme effleura le bord de mes cils, et je murmurai : « Pauvre Siva » !...

Constantinople, Septembre 1892.

CROQUIS DE BORD

CROQUIS DE BORD

— Eh bien ! *docteur*, comment ça va-t-il, ce matin ?

— Eh ! Eh ! assez bien, répond un petit homme tout rond, court, appuyé aux plats-bords brûlants de soleil, les jambes allongées, les bras en croix, le visage béat et souriant, dans une pose abandonnée.

Et, en effet, il semble montrer le plus parfait épanouissement d'un ventre satisfait, être rassasié, avoir bien bu surtout, avec sa face rougeaude et blonde, large et grasse, dominée par un nez rutilant, piquée de tâches de rousseur grandes comme des pois, percée de deux petits yeux bleus et ronds qui brillent comme des étoiles et réflétent, derrière ses lunettes cendrées, le plaisir d'une digestion bien commencée, — car on sort de table.

Mais le *docteur* ne se distingue pas seulement par le physique du reste des passagers ;

son costume le désigne de suite à l'attention.

Une blouse jaune, à plis, large, serrée au dessous de son vaste abdomen, qui, royalement proéminent, suit de près son cou puissant, l'enveloppe jusqu'à mi-jambes, lui donne un certain air de gros poupon heureux, et il est coiffé d'un casque blanc trop grand où sa volumineuse tête rousse disparaît tout entière, — coiffure qu'il a achetée, *comme les autres*, à Port-Saïd où nous sommes passés il y a huit jours et qu'il voyait pour la première fois.

C'est aussi la première fois qu'il est monté sur un bateau, se rendant au Tonkin à je ne sais quel poste civil dont il est certainement très fier, et ses pas, bien assurés contre le roulis par des pieds larges au bout de toutes petites jambes grasses et courtes, ont un air d'assurance, un reflet de conquête, une apparence de voyageur endurci qui connaît la mer et sait s'y conduire.

Mais il n'était point aussi vaillant les premiers jours, au moment surtout où, sous une bonne et fraîche brise, nous sortions du port de Toulon ; alors qu'il éprouvait cette sensation nouvelle, le frémissement de la machine sous ses pieds, et ce balancement particulier qui vous enlève et semble vous rendre aussi léger qu'une plume. Cependant il a courageusement supporté cette épreuve du baptême de la mer, et, sans transition, a montré une bravoure turbulente.

C'est qu'elle a peu de prise sur lui, la mer ; il en est heureux, et c'est sur ce ton d'orgueil mêlé d'une pointe d'extase qu'il répond en souriant : « Mais je suis fort bien. » Aussi on le voit, sur le pont, un peu partout, allant et venant, empressé auprès de tous ceux qui, comme lui, font leur première traversée ; il s'inquiète, poursuit, plaisante, conseille, se donne en exemple : « Faites donc comme moi »!, et il se redresse, ce disant, de toute la hauteur des talons de ses pantoufles.

Tous les menus conseils qu'il a récoltés dès qu'il a connu le sort qui l'envoyait au loin, par delà les Océans, il les débite maintenant, les développe au besoin, les entoure des meilleures fleurs de son propre jugement, comme s'ils étaient le résultat de sa longue pratique. Il évite de dire qu'il en est à son premier voyage, fait une pirouette ou annonce une voile à l'horizon si l'on fait mine de le questionner ; au besoin il répond vaguement avec de petits gestes dégagés et des clignements d'yeux pleins de signification.

Il se montre au salon, près de la table aux rafraîchissements où les passagers lisent, boivent, jouent ou somnolent : le temps de faire apprécier son assurance en indiquant le moyen de bien faire une limonade, en mer, ou de bien distribuer sa journée dans l'intervalle des digestions. On le voit au fumoir, où il ne fait qu'une apparition, toujours un peu méfiant de l'odeur traîtresse de la pipe, pour lancer un avis, un mot, l'air bon et paterne ; sur la dunette, pour interpeller les promeneurs, offrir une partie de palets qu'on lui refuse ou dire un rien à une dame à qui il n'a pas été présenté, qu'il importune et qui ne lui répond pas car elle ne comprend pas le français ; il monte, descend, va, vient sans interruption. Le mouvement semble être le résultat de sa joie ; il se multiplie, sourit aux éprouvés, et il exulte quand il croit entendre murmurer sur leurs lèvres un regret de « n'être pas aussi solide que lui ». A ceux-là il fait des visites réitérées, tout prêt à mille sacrifices pour leur être agréable, en reconnaissance de la bonne opinion qu'ils ont de lui.

Sur le pont, il salue, au passage, le capitaine, d'un air crâne qui sent son navire d'une lieue, et ne manque jamais une occasion de questionner l'officier qui vient de quitter le quart, — au grand mécontentement de celui-ci. Il s'arrête aux panneaux des machines par où il jette un coup d'œil étonné et un peu craintif, mais il n'y reste pas, car l'odeur de la graisse l'incommode ; il se rattrape sur un chauffeur, en bras de chemise à l'entrée d'une chaufferie, et l'accable de questions sur le nombre de tours que fait l'arbre ou la quantité de charbon que l'on brûle. Tous ces détails ne lui seront pas inutiles ; il les répétera bientôt, à la prochaine occasion, dans le premier groupe où il pourra amener la question sur ses nouvelles connaissances.

Vers midi, à l'annonce de la marche du navire, à l'entrée des premières, il fait dix fois le voyage au tableau indicateur, s'étonne du retard, prédit l'avance, suppute la marche probable, le nombre de milles parcourus et fixe les dates d'arrivée aux ports d'escale, — toujours entouré de son cercle de naïfs dont il s'est fait le prophète, le mentor, le conseiller pratique et le défenseur au besoin. Puis, sur la carte, montrant la route suivie, il fait manœuvrer son doigt, le reporte à ses lèvres et semble se livrer à de profonds calculs, après lesquels il pérore et distribue de nombreux avis aux fidèles qui l'écoutent.

Il est au mieux avec les matelots qui lui donnent une foule de détails bizarres sur les régions traversées ; avec le novice qui vient, deux fois par jour, le balai aux mains, faire son tour de dunette ; avec les garçons qui montent des limonades ou des bouillons gras aux dames, en attendant le *lunch* ; avec le lieutenant de quart qui vient apporter le *point* au commandant ; avec le pointeur qu'il dérange, dans son bureau, au travail des manifestes entre des pavillons multicolores roulés et un sablier suspendu.

A l'arrière, au jet du *loch*, il est toujours des premiers à voir filer et dérouler la ligne ; à suivre, au loin, la planchette sautillante dans le remous blanchâtre de la mer, et il a toujours un chiffre certain à émettre, au moment où le sablier se retourne, au « stop ! » du pointeur. Il dit : « Je le savais bien que *nous filions 12 nœuds* », et il reprend sa promenade, guettant l'occasion de se produire de nouveau.

Il a pris, tout de suite, le débraillé des voyageurs de vieille date dans les pays chauds, le soir venu ; mais toute sa force et son courage sont tombés devant les premières chaleurs de la Mer Rouge. Alors, soufflant et soupirant sous l'ondée de ses sueurs qui mettent sur sa blouse jaune des plaques noires aux épaules et à la poitrine, anéanti, rouge, exténué, il s'éponge sans cesse en consultant son petit thermomètre de poche qu'il exhibe ostensiblement toutes les fois qu'il s'approche de quelque groupe. Enfant des Alpes, la chaleur le trouve désarmé, impuissant, mais toujours brave, en apparence, quand il n'est pas seul.

Il a acheté à Obock sa première mauresque — un oubli qu'il avait commis à Port-Saïd, l'achat de cette mauresque annoncé bruyamment à tout le monde — et il l'a mise le soir, au départ, en humant la brise chaude avec un air de défi jeté à l'escale qu'il quitte et où il a manqué, à terre, mourir de chaleur. Il n'en revient pas de sa faiblesse sous le ruissellement des rayons de feu qui tombaient d'en haut ; aussi le voit-on disparaître de longues heures pendant lesquelles il va s'abandonner tout entier à son accablement sur une longue chaise de rotin.

Ceci a été un mauvais moment à passer, mais un regard jeté sur sa mauresque rayée de bleu le paie amplement de son imprudence. Lui aussi serait vêtu en voyageur des tropiques ! Et la fine blouse flottante, mal attachée, découvre le haut d'une poitrine rougeâtre, velue ; ses bras courts, épais, lourds, musculeux, sortent tout nus, sous l'effort de la lassitude, dans un geste d'étirement qui fait remonter ses longues manches. Les pieds sont nus aussi, dans ses pantoufles qui n'ont rien d'exotique et qu'il garde tout le jour, allant ainsi, de suite, plus loin que tous dans l'abandon autorisé des heures chaudes.

A table, il est loquace comme un jeune avocat ; il interpelle les garçons très haut, rit fort, fait l'aimable avec les dames, loue la cuisine, offre à boire et remarque qu'il y a des *absents*. Il demande deux fois du *curry*, le plat de riz à l'indienne, en disant, tout haut, qu'il est fort réussi, et se lève le dernier après avoir bu, outre le sien, le verre de cognac de son voisin. Avant de monter, il se fait faire une observation par le garçon : « Monsieur, il est défendu de fumer au salon, il y a des malades. » Le garçon a ainsi remarqué que lui est très valide, et il l'a aussi fait savoir à ceux de la galerie qui pouvaient l'ignorer, car il faut que tout le monde le sache. En répondant, il a un petit geste de pitié pour dire : « C'est bien malheureux de souffrir de la mer ».

Si l'on aperçoit *quelque chose* à l'horizon, il est le premier à lever les bras, s'installe sur ses jambes qu'il élargit pour s'affermir, et ne perd pas le point en vue du bout de sa lunette qu'il a été chercher, jusqu'à ce qu'il ait été entouré d'une demi-douzaine de ses disciples. Alors il parle haut, donne le mot des suppositions qui passent de bouche en bouche, et estime la distance avec de petits mouvements entendus qui lui concilient immédiatement toutes les opinions. Si c'est un bateau, il dit : « Nous en rencontrerons d'autres *dans ces parages* » ; une côte : « Elle est bien nette, *à cette époque* » ; un objet quelconque emporté par le courant : « C'est curieux, on dirait un naufragé accroché à une épave », et ce fut, cette fois, un oiseau noir perché sur un tronc d'arbre. Celle-ci a été sa dernière méprise, et elle l'a un peu ébranlé dans son assurance, tant elle prêta aux rires, dans le cercle plus nombreux des curieux qui l'avaient entouré parce que la chose se présentait grave. Mais cela a été un accident qu'il a su faire oublier bien vite par une habile digression.

Sur le pont, s'il y monte le dernier en sortant de table, il y reste aussi le dernier à se promener à droite ou à gauche, en tête de de son petit groupe d'apôtres. Il dit, d'une façon dégagée : « Passons à *tribord*, venons à *babord* », termes qu'il a appris depuis peu mais qu'il ne cesse de répéter en toute occasion. De temps en temps il s'arrête en inspectant l'horizon et s'écrie, plein d'enthousiasme : « Quelle traversée exceptionnelle *nous* avons ! »

Il va partout, de tête en poupe, s'enquiert de tout, voit tout et ennuie tout le monde ; mais il est récompensé de ses peines quand il entend dire, derrière lui : « C'est un passager pour le Tonkin. » Le Tonkin ! Quelquefois, seul à l'arrière, plongeant ses regards au loin sur l'horizon, une ombre d'inquiétude traverse sa physionomie, et il paraît se demander ce que sera ce pays si éloigné ; il semble s'étonner de se trouver entre ciel et terre, sur un bateau si grand qui le transporte où il n'aurait jamais pensé aller, quelque temps auparavant. Mais ce n'est qu'une ombre que le premier camarade qui passe chasse d'un mot.

Son triomphe, c'est quand il y a de la houle, cette houle longue des grandes mers, qui communique au bateau un balancement régulier et moelleux de bas en haut et de haut en bas. Alors, planté sur ses jambes courtes, tout à l'arrière où le mouvement est le plus sensible, il semble vissé au pont tant il est immobile, fixe, raide, et il regarde d'un air dédaigneux la marche mal assurée des autres passagers, des dames surtout, qu'il compare à sa ferme attitude ; s'il promène, alors, il s'étudie à ne pas manquer son pas d'une ligne, la tête haute et fière, et en perd au besoin le parler. Il serait navré de faire un faux mouvement qui le mettrait dans la seule posture ridicule dont puisse s'émouvoir sa vanité.

.... D'ailleurs, ce titre de *docteur* qui le flatte et auquel il répond volontiers quand il est dit tout haut, est une simple plaisanterie faite par un joyeux et adoptée par tous. Et tous de l'appeler : « Hé, docteur ! » pendant que, les yeux papillotants sous ses lunettes cendrées, tout en eau, le mouchoir au front, repu, il s'allonge lourdement sur la longue chaise de rotin, en soupirant avec un air de béatitude infinie.

A bord du Comorin, Mer des Indes, Mai 1889.

UN DUEL MYSTÉRIEUX

UN DUEL MYSTÉRIEUX

Cela se passa dans une des villes blanches et chaudes de l'Orient au ciel diaphane, baignant ses pieds dans les flots bleus de la Méditerranée, que nous désignerons par Ixe, le sujet n'exigeant pas la connaissance exacte de sa longitude ni de sa latitude.

C'est une ville charmante, Ixe, bâtie en pain de sucre écrasé, entourée de jardins toujours verts, touffus comme les jardins des tropiques, avec une toute petite colonie européenne. des Français, des Grecs, des raïas, mais pleine d'entrain, de gaieté, et point dépourvue de jolies filles parmi lesquelles dominaient les peaux brunes et les grands yeux noirs. Je l'habitais depuis quelque temps et j'y avais déjà des amis : en Orient on se lie très vite ; c'est le climat qui veut cela et on y aime l'étranger, le Français surtout. L'un d'eux, Démitri était un oriental ;

ni Français, ni Grec, ni Italien, mais avec un peu de ces trois types dans le teint, le sang, le caractère. Petit, brun, les yeux vifs, avec de grands cheveux et une petite moustache noire, carré d'épaules et zézayant légèrement : le voilà au physique. Au moral, c'était bien la tête la plus légère, la plus insouciante, l'être le plus nul que j'aie encore connu. Je crois que son père, que je voyais rarement aux réunions des nuits d'hiver et aux promenades des crépuscules d'été, faisait un commerce quelconque. Toujours bien vêtu, correct, élégant même, avec cette pointe d'excès dans l'observation des modes françaises, cette ignorance du juste milieu que montrent ses compatriotes quand ils les suivent et se taxent de dandysme, il ne pensait qu'à bien combiner la distribution de ses soirées, — car on veillait, à Ixe, on dansait, on chantait, on causait plus ou moins bien, pendant les longues et chaudes soirées de huit mois de l'année, — à trouver quelque distraction nouvelle, à n'ignorer aucun des bavardages de salon et à attendre la sortie de la messe, le dimanche, pour faire admirer, à la porte, sa bonne prestance aux belles Ixoises.

Nous nous voyions assez rarement seuls,

car j'évitais sa société qui me paraissait déplaisante, ou, au moins, entièrement dépourvue de charmes. En somme, il ne m'était pas sympathique.

On cancanait beaucoup à Ixe, un défaut commun à toutes les villes d'Orient, un des principaux passe-temps de la société choisie ; aussi le voyait-on engagé dans tous les petits scandales de derrière la porte. En réalité, il était assez bien vu, des dames surtout à qui plaisaient sa morgue d'Italien, sa hardiesse de Grec, son élégance de Français et son bagoût de pie borgne. Autour de moi, j'avais déjà entendu des chuchotements : madame A.. le voyait d'un très bon œil, et, justement, elle était mariée ; on le croyait fiancé à Mlle R.. que tout le monde nommait Jany tout court, avec qui, un moment, il s'était affiché, puis qu'il paraissait avoir abandonnée pour se rejeter sur Mlle Z.., évolutions dont les bonnes âmes s'étaient un peu scandalisées. Il est vrai qu'on avait surpris des rendez-vous derrière l'église — et une fort gentille église, ma foi, dont les murs durent, plus d'une fois, frémir d'horreur aux profanes protestations qui se débitaient, le soir, à ses pieds, — puis dans un délicieux petit jardin d'orangers où une amie charitable était effrontément venue faire tête.

Pour le moment, la susceptibilité et le rigorisme de la colonie étaient endormis; on paraissait s'être accoutumé à cette idée de lier les deux jeunes gens malgré ces apparents abandons, sans positivement savoir pourquoi, par habitude de répéter toujours la même chose, et on avait accepté, sans trop crier, la nouvelle qu'au bord de la mer, dans une anse bien abritée, à l'Est de la ville, on voyait souvent, au coucher du soleil. Mlle R.. s'ébattre en néréide autour de mon petit Démitri que l'on avait officiellement promu professeur de natation. Les mauvaises langues, jalouses peut-être, ajoutèrent malicieusement : « pour demoiselles ». Car le maître avait encore quatre élèves : les sœurs de Jany, trois beaucoup plus jeunes, l'autre légèrement plus âgée. C'était donc un plaisir de voir l'innocente confiance, digne d'un autre âge, du père R.. qui avait la charge de conduire son bruyant pensionnat aux hygiéniques exercices de la natation.

M. R.. était un ancien capitaine au cabotage qui, après avoir noirci sa peau aux intempéries de la mer, avait, paraît-il, fortement chargé sa conscience, tout le long de la côte, à une foule de *transactions* louches qu'on ne désignait pas autrement que par cette expression vague. Il avait des moyens et c'est sur quoi on insistait surtout.

On est très indulgent, à Ixe, pour celui qui a de l'argent, des biens au soleil, des jardins, et on s'inquiète très peu de leur origine. Comme un peu partout, à cette époque d'adoration du veau d'or, l'on dit : « Il paraîtrait que... » et l'on passe vite au présent, le respectable présent du riche, sans même que les doutes du passé puissent seulement ternir le prestige du jour. L'or, comme ailleurs, apporte avec lui toutes les indulgences plénières sociales; les rayons de sa rutilante couleur s'étendent comme un voile régénérateur sur tous les doutes et même les certitudes ; on ne cherche rien au delà de sa présence parce qu'il tue tous les scrupules.

Présentement l'ancien capitaine, « pour passer le temps », disait-il, faisait un peu de commerce. On le voyait partir pour quelques jours, revenir, se remuer, et, à son affairement, on eût certainement juré qu'il brassait des affaires importantes. En vérité, c'étaient les fruits du pays qu'il exportait, de ceux qui ont de sérieux concurrents en Espagne, et il s'en tenait à cette marchandise qui l'occupait assez pendant la saison.

Au physique il était petit, large d'épaules,

trapu, poilu, avec des cheveux grisonnants et une barbe à la François-Joseph dont il était fier, laquelle, devançant le travail des ans, était devenue toute blanche. Ses yeux, à fond d'acier, n'étaient pas sympathiques et paraissaient faux, mais il passait pour un excellent caractère, plein de bonté et, surtout, d'affection pour ses enfants. La langue qu'il avait apprise était le grec; celle qu'il parlait, l'italien. Comment ce loup de mer qui avait été brun, massif, vulgaire, taillé en pleine chair, avait-il eu de sa femme, une Grecque des îles, morte depuis longtemps, cet ange blond aux yeux bleus d'une suavité extraordinaire, à l'ovale du visage d'une régularité de madone, aux grands cheveux bouclés qui paraissaient ne vouloir d'aucune entrave, à la taille mince et flexible, à la démarche et au regard langoureux des filles du Nord qu'était Jany? Atavisme, peut-être; anomalie, certainement. Les autres sœurs étaient un peu insignifiantes d'apparence, ni belles, ni laides, toutes quatre brunes avec de bonnes joues épanouies qui dénotaient un bon tempérament. L'aînée, Rèny, n'était cependant pas sans charme; elle viendra, à son heure, jouer un rôle dans le drame mystérieux que préparait, à son insu, ce jeune écervelé de Démitri.

A cause de la petite taille de tous ses membres, on avait appelé la famille R... « la petite famille ». On vit donc, pendant toute la saison des bains, la « petite famille », flanquée de l'indispensable Démitri, se diriger, trois ou quatre fois par semaine, par la longue route sablonneuse bordée de hautes haies de cactus, vers la petite anse dissimulée, de l'autre côté de la ville, où elle trouvait, dans une hutte de pêcheur, un refuge discret pour opérer les diverses transformations avant et après le bain. J'avais même appris, au cours d'une de mes promenades, que ces mutations se faisaient en commun tandis que l'excellent et confiant capitaine bâillait aux corneilles à l'ombre de quelques arbres, non loin de là.

Les mœurs, en Orient, passent pour relâchées, et elles le sont souvent, — encore affaire de climat, — mais plus que chez nous, encore, les apparences sont soigneusement observées, la critique bon enfant n'aimant à approfondir que ce qui choque ses usages et ses préjugés au grand jour. Dans certaines villes de Syrie, les femmes européennes et catholiques ne sortent qu'entièrement voilées, les mains seules apparaissant hors de leur costume blanc ; presque toujours, l'élément féminin fait groupe à part, sans se mélanger aux hommes, même dans la plus proche parenté, — coutumes musulmanes qui se sont lentement infiltrées dans la population étrangère acclimatée. Dans quelques grandes villes seulement, l'observation de ces règles se confine aux familles lentement naturalisées.

A ce propos, je me souviens qu'arrivé depuis peu dans une des petites villes de la Syrie du sud et me promenant, un beau matin, dans ses rues tortueuses, voûtées, alternativement sombres et fouettées d'un soleil éclatant, en compagnie d'un consul qui a représenté longtemps notre pays en opérant la contrebande des grosses antiquités, nous rencontrâmes, cheminant lentement, deux dames entièrement drapées de blanc des pieds à la tête, le visage voilé d'un tulle coloré qui ne laissait rien voir ni rien deviner. Nous en rencontrions souvent, mais, à celles là, il me vint de dire, comme parlant à mon cicerone : « Ces blocs enfarinés ne me disent rien qui vaille, » faisant un myriapode d'un vers bien connu. Mon consul se contenta de sourire. Le soir, comme j'étais allé commencer la série des visites obligatoires autant qu'ennuyeuses auxquelles l'étranger est soumis sur ces rivages fleuris, j'arrivai chez un notable, parent de mon compagnon du matin. Les dames de la maison, surprises au salon, ne purent opérer leur retraite habituelle en pareil cas. Elles restèrent, un peu effarouchées. Mais, au moment de me retirer, une mutine de dix-sept ans qui venait d'estropier, au piano, une valse célèbre et s'était entièrement remise de sa timidité, me dit en souriant : « Vous avez déjà, Monsieur, des préjugés contre les dames de notre société ; ... ces blocs enfarinés..... » — « Comment, Mademoiselle,... » ne pus-je m'empêcher de m'écrier, en l'interrompant ; elle continua, me coupant la parole à son tour : « .... étaient ma sœur, ici présente, et moi ! » Et ma première visite aboutit à une série d'excuses, qui furent gracieusement reçues.

Pour en revenir à notre histoire, il ne faudrait pas conclure, de cet apparent rigorisme, à la pureté des principes de ces populations ; peut-être même ajouterai-je : « au contraire. »

Il est donc certain que si l'alarme avait été donnée, dans la colonie, de la particulière intimité qui régnait dans le groupe des demoiselles R... avec Démitri, grande eût été la rumeur. Aussi ne fis-je part de ma découverte à aucun de mes nouveaux amis, considérant, d'ailleurs, que cela ne me regardait pas.

Un jour, je reçus la visite de Démitri. Il venait m'annoncer que la colonie s'était, depuis l'arrivée du courrier, le matin même, augmentée d'une unité ; « un garçon charmant », ajouta-t-il. Il ne le connaissait pas encore, mais l'agent de la Régie des tabacs, chez qui le nouveau venu était descendu, venait de lui en faire la plus élogieuse description. On devait, le soir, le présenter chez M. L... un agent de grande compagnie de bateaux à vapeur qui, à cette occasion, réunissait quelques amis. Démitri avait été chargé, comme intime de la famille, de faire les invitations, et c'est à cette mission que je devais sa visite. Il fut enjoué, m'appela « son ami » et me donna enfin rendez-vous chez les L..., en me faisant promettre de n'y pas manquer.

La famille L..., que je fréquentais très volontiers, était bien l'ensemble complet des plus heureux caractères qui soient. On n'aurait jamais vu, sur les visages pleins de santé du père et de la mère déjà âgés, des trois fils et des deux filles, dont une encore enfant, le plus léger nuage, la plus insignifiante contrariété ; on n'aurait jamais entendu, entre eux, le moindre reproche. Avec une fortune suffisante, ils étaient ce qu'on a appelé des « heureux de ce monde ». Je ne m'attarderai pas à les présenter tous autrement, l'intelligence de ce récit ne l'exigeant pas. Je dirai seulement que d'origine autrichienne, Français de langue, d'habitudes, d'idées et de manières, les L... étaient dans le pays depuis très longtemps et y avaient des intérêts ; que la mère, petite et de forte complexion, avait toujours le sourire aux lèvres ; que l'aîné des fils, Edouard, mon ami, aidait son père à l'agence tout en s'occupant de musique, de physique et de littérature ; enfin que la fille aînée, par hasard à Ixe ce soir-là, était pensionnaire dans un établissement français de grande ville, à deux jours de mer de distance.

J'étais chez eux à huit heures. Le salon, meublé un peu à l'orientale, c'est-à-dire avec une grande profusion de divans, de tapis et de tentures, était déjà rempli de monde. Les invités avaient tous répondu à l'appel, la venue d'un nouveau membre, dans la colonie, ayant eu le don d'aviver toutes les curiosités. Sur un des divans, quelques dames mûres causaient gaiement en la langue du pays et deux ou trois d'entre elles tiraient, de narghilés de cristal posés à terre sur les tapis de Perse, de longues bouffées d'un tabac odorant et parfumé. Plus loin, les demoiselles, dont les toilettes fraîches et de mode courante contrastaient avec les vêtements simples et de coupe locale de leurs mères, avaient constitué également un groupe animé où le grec, l'italien, le français et l'arabe se parlaient à la fois. D'un autre côté, les hommes, en costumes variés mais clairs — le noir officiel étant impitoyablement banni de Ixe, dans ces réunions amicales, — tenaient tête à leurs voisines pour le bavardage, mais se servaient plus uniformément de la langue française.

Après la série de tasses minuscules d'un café embaumant, de grands verres de rafraîchissements variés en odeur et en couleur où le suave parfum de la rose dominait, on prit place au piano et les groupes se trouvèrent, en un instant, disloqués. Ce fut même l'occasion, pour celui des matrones du divan, d'entamer une sérieuse discussion à voix haute.

L'étranger qui avait motivé cette réception n'était alors pas encore venu. Il arriva, enfin, avec son ami, au moment où une invitée chantait une romance grecque pleine de mélodie, et je reconnus en lui, avec joie et stupéfaction, un de mes excellents et anciens camarades, Henri F... Les présentations me furent, dès lors, dévolues ; je crus remarquer que le nouveau venu produisait une heureuse impression de début et les choses reprirent où elles en étaient restées.

Henri F.., Grec de naissance mais Français d'éducation, était sorti de l'Ecole Centrale de Paris et était ensuite allé mettre son diplôme d'ingénieur au service du Gouvernement turc. Il venait maintenant à Ixe pour y effectuer divers travaux du port et la construction des bâtiments de la douane. Il y avait déjà quelques années que je ne l'avais vu ; il ignorait que je fusse là et, comme moi, se trouvait très heureux de notre rencontre si inattendue. Après le premier moment passé à remplir nos devoirs auprès des maîtres de la maison, à parler du passé, des divers incidents qui avaient marqué nos existences depuis notre séparation, nous prîmes, chacun de notre côté, notre chemin dans les groupes. On chanta, on causa, on dansa beaucoup et, vers la fin de la soirée, au cours de laquelle Démitri s'était multiplié et avait fait preuve des plus hautes qualités organisatrices, nous nous trouvâmes, Henri et moi, dans un petit salon de côté, où Edouard L... nous avait conduits pour nous demander notre avis sur quelques crayons de sa main. Il était tout petit, mieux meublé que la grande salle orientale dont une seule et lourde tenture le séparait, et l'on sentait, à son arrangement, à mille riens qui révèlent toujours la main de la femme, qu'il devait servir de boudoir aux dames de la maison.

— Voilà mon refuge, » nous dit Édouard en nous invitant à nous asseoir, « pour me délasser un peu, à l'occasion, de la chaleur, du mouvement, de la conversation et quelquefois de l'odeur des narghilés. Comment pensez-vous vous faire à notre ville de sauvages, M. F..., vous qui venez de la Capitale ?

— Mon Dieu, répondit mon ami, je crois que je m'y plairai beaucoup. J'ai reçu d'abord, de votre aimable famille, l'accueil le plus cordial qui soit ; la ville ne m'a pas produit mauvais effet, et je trouve délicieux les jardins qui l'enserrent en lui faisant comme un écrin de verdure; on a entendu, ce soir, d'excellente musique, et, ma foi, je vois ici nombre de fort jolies femmes : il serait difficile de souhaiter mieux.

— Oui, continua Édouard, tout cela est charmant pour nous ; mais, pour commettre déjà une indiscrétion touchant la dernière raison que vous venez de nous donner, vous demanderai-je si vous avez particulièrement remarqué quelqu'une de nos invitées ?

— Ma foi non, » répondit Henri d'un air distrait, « mais, d'une façon générale, je suis revenu entièrement de mes craintes, car je dois vous avouer que j'augurais tout autre chose du séjour qui m'attendait ici. »

A ce moment, la mine rieuse et chiffonnée d'une jolie fille se montra derrière la portière, doucement écartée.

— Messieurs, dit-elle, j'ai mille excuses à vous offrir pour forcer ainsi votre *buen retiro*, mais je le devais à madame L... qui cherche partout M. Édouard, coupable, certainement, de votre mystérieuse disparition. »

Nous nous levâmes et mon ami seul sortit.

Henri paraissait soucieux ; nous fîmes quelques tours dans le boudoir, sans parler, puis, se posant devant moi, il me demanda :

— Sais-tu quelle est cette demoiselle en robe crème qui vient de tenir le piano ?

— Celle qui se balance gracieusement en marchant, petite et forte ?

— Précisément. Te souviens-tu, — car tu as été quelque peu mêlé à ma vie, — de Berthe, le plus triste souvenir de mon existence ? Elle lui ressemble étrangement ; j'ai été frappé de stupeur, à mon arrivée ici, comme si je venais, tout-à-coup, de voir se dresser son ombre palpable. Sans être absolument jolie, elle a le même charme bizarre, la même démarche traînante, les mêmes yeux fouilleurs qui vous pénètrent, le même sourire énigmatique que l'on hésite à prendre pour railleur quand il n'est pas triste. J'ai impatiemment attendu ce moment de solitude pour t'interroger. »

Le souvenir qu'évoquait Henri se rapportait, en effet, à une triste histoire,— un de ces évènements qui marquent le chemin de la vie ainsi que d'une croix. C'était à Paris, Berthe avait été une belle fille éprise de mon ami qui, amoureux lui-même comme un fou, l'avait enlevée et enfermée au fond d'un petit logement de troisième, tout au bout d'un faubourg. Histoire banale dont la fin répond rarement au début. La vie fut toute dorée, pendant quelque temps, tissée d'heures d'ineffable bonheur, toute *une*, fondus qu'étaient les deux amants l'un dans l'autre. Mais le bonheur est de courte durée ; ce ciel si pur s'assombrit ; les nuages se montrèrent, d'abord légers, fugitifs, puis plus sombres, et l'orage éclata enfin. Un jour qu'Henri parla de voyage, la liaison se trouva mortellement atteinte. La rapidité de leur dissentiment ne leur donna pas le temps de s'expliquer ni de s'entendre. Un beau matin, après quelques paroles aigres, Berthe disparut dans le trou béant de la fenêtre et alla se fracasser, en bas, sur le pavé. Ce fut moi qui emmenai Henri, à demi fou, loin de Paris. Les événements avaient marché si vite, le coup avait été si rapide, si inattendu, si peu préparé, que son amour n'avait pas eu le temps de s'amortir, et, plusieurs mois après, il pensait encore à son amie, froide, mutilée dans sa bière, comme au premier jour, lorsqu'il l'aima dans sa virginale fraîcheur. Longtemps il vécut d'une vie passive, traînant son souvenir, comme un boulet, avec son existence, et nous nous perdîmes de vue, séparés par le courant de nos différentes destinées.

Et c'était dans ce salon, où je le retrouvais après plusieurs années de séparation, qu'il venait d'apercevoir le sosie même de celle qu'il avait si longtemps aimée en la pleurant.

J'étais tombé en méditation, tout en torturant un gland vert du fauteuil sur lequel je m'étais assis, repassant dans mon souvenir ces évènements anciens déjà, quand Henri me prit le bras.

— Eh bien ! mon cher, réponds-moi ; tu me vois impatient, triste, et tu sembles, muet, chercher sur le tapis des motifs d'ornementation.

— Mon Dieu non ! » dis-je en me levant, « je pense seulement. Comme toi, je viens de revoir Berthe dans cette jeune fille ; comme toi, je suis maintenant frappé de cette absolue ressemblance. C'est l'aînée des filles de M. R..., un ancien capitaine qui fait du commerce, dont tu as pu voir la barbe blanche et la mine confiante au coin du piano, sa place favorite. Elle a nom Reny. En réalité je connais peu la famille, mais M. Démitri, un jeune homme à qui je vais te présenter dans un instant, que tu as vu tantôt plein de fougue aimable et galante, te satisfera pleinement si tu veux en savoir plus long. Il est fort bien vu dans la famille et passe pour fiancé à la cadette, Jany, ce qui ne l'empêche pas de flirter avec ses sœurs, même avec l'aînée.

En rentrant au salon, je présentai Henri à Démitri et la soirée se termina gaiement sans autre incident.

A quelque temps de là, de retour d'un voyage à l'intérieur du pays, je vis Henri entrer chez moi, un matin, comme une bombe.

— Eh bien, mon cher », dit-il avec éclat, en se

jetant sur un rotin, « j'en ai appris de belles ! Tu te rappelles que tu me recommandas Démitri comme le type du parfait imbécile ; notre connaissance a fait, pendant que tu parcourais les longues routes blanches du pays, des progrès énormes. De suite il s'attacha à moi ; sans l'encourager je ne le rebutai pas, désirant le faire parler des R... Mais il s'accrocha, arguant de sa sympathie, et maintenant je ne puis plus me débarrasser de lui. Tu nous a vus, n'est-ce pas, deux ou trois fois ensemble, chez moi ou à la promenade ; as-tu remarqué que dès que tu paraissais il changeait de manière d'être? Tu lui inspires de la retenue, à cet oseur sans cervelle; sa pétulante chaleur d'asiatique s'accommode mal de tes froides manières, et comprend mieux mon tempérament de Grec. Bref il m'a bourré de confidences, et sais-tu ce qu'il m'a appris ?

— Comment veux-tu que je le sache ?

— Que la charmante Jany était sa maîtresse depuis tantôt deux ans, que leur connaissance, et ensuite leurs relations, avaient été facilitées par l'aînée et ses sœurs avec lesquelles il prenait presque les mêmes libertés qu'avec Jany. Qu'ils se voyaient souvent la nuit, quand la lune ne gênait pas leurs mouvements, enfin qu'il se remuait, dans leurs appartements dont la disposition n'a pas été sans favoriser cet état de choses, comme un pacha dans son harem. Mais non! n'astu jamais vu cette candeur de vierge ignorante dans ses grands yeux bleus réfléchis et sérieux? Et cette fille serait la maîtresse de ce fat imbécile qui ne craint pas de jeter au vent de la publicité la honte de l'une et la faiblesse coupable des autres, de se montrer ainsi tel qu'il est, ignoble et sans honneur! Car de ces confidences qu'il m'a faites il a abreuvé, paraît-il, tous ses amis; et si le scandale n'a pas encore éclaté, c'est que chacun craint d'allumer le brûlot dans une nouvelle aussi grosse. Il s'est tu deux ans, pendant lesquels la chance de l'impunité l'a favorisé, et tout d'un coup, sa vanité a crevé comme une baudruche; aujourd'hui il colporte ses amours, il déchiquette lentement, sans pudeur, l'honneur d'une famille et il ne comprend pas que c'est le sien propre qui sera emporté en même temps. Il faut que cet homme soit fou. Je passe tous les détails qu'il m'a donnés et dont il paraissait se faire gloire comme de hauts faits, ses tons bassement confidentiels, son cynisme en souhaitant une liberté bien méritée après deux ans d'entraves et d'ennuyantes dissimulations, des lettres qu'il a voulu me montrer et que j'ai repoussées avec dégoût. Je ne sais quelle raison m'a empêché de jeter ce personnage par la fenêtre ou de lui donner la correction qu'il méritait. Et maintenant je m'échappe de chez moi pour le fuir et te demander conseil.

— Un conseil? A quel sujet? Ai-je besoin de te conseiller de flanquer ce Démitri-là à la porte, avec ou sans explications ? Je ne vois pas en quoi je puis te servir. Je ne comprends pas, non plus, ta belle indignation pour une histoire presque banale, en ce siècle, pour des gens que tu ne connais pas, qui ne sont point de tes amis ni de tes parents. Décidément, mon cher, tu retardes sur le temps ; mais ne m'aurais-tu pas encore tout dit ?

— En effet, tu ne peux entièrement me comprendre ; j'ai à ajouter que depuis la soirée de mon arrivée à Ixe, je n'ai cessé de penser à Reny...

— A Berthe tu veux dire ?

— A Berthe d'hier ou à Reny d'aujourd'hui, car les deux me semblent maintenant ne faire qu'une seule et même personne. C'est un sentiment dont je n'ai pas été le maître, que j'ai laissé développer en moi sans chercher à le repousser, parce qu'il répondait à une espérance secrète, à un bonheur que je ne comptais plus rencontrer. En un mot, l'amour insatisfait de jadis est réné de ses cendres non éteintes. Tu sais combien je souffris alors ; mais tu ne sais pas ce que j'ai souffert depuis, toujours, lorsque je me remémorais ces jours de bonheur si brusquement interrompus. Berthe m'est restée comme le type de la femme suivant mes conceptions de l'art et de l'amour, et c'est son image que j'ai souhaité rencontrer encore; elle seule était capable de faire battre mon cœur meurtri. Conçois-tu maintenant dans quel trouble m'a jeté cette Reny, le vivant portrait de celle qui n'est plus ? Voilà, mon cher, ce que je ne t'avais pas dit. Tu comprends, maintenant, quelles poignantes pensées ont fait naître en moi les confidences de Démitri et pourquoi je viens te demander conseil. Cette fille que j'aurais voulu voir belle et pure comme celle que j'aimai jadis, que j'aurais voulu pouvoir chérir saintement en souvenir des fautes que je puis avoir commises, est liée à une intrigue malpropre avec ce Démitri ; elle a déjà sali la robe blanche qu'elle portera un jour à des compromissions indignes, à des complaisances de matrone intéressée ; elle n'a pas vu que cet homme, qu'elle laissait à sa sœur, n'avait aucune des qualités d'honneur qui font excuser et réparer une faute ; elle n'a pas pensé, à elle-même, à l'obstacle que cette situation pouvait créer à celui qui serait appelé à la conduire sur les marches de l'autel.

— Et tu crois que celui-là pourrait être toi ?

— Pourquoi pas ? Je sais bien tout ce que tu peux objecter. Je suis arrivé d'hier ; je ne connais pas ces gens que tu connais toi-même très peu ; le père a été légèrement corsaire ou je ne sais quoi dans son temps, mais enfin il a des moyens. Et puis tu connais une de mes théories sur ce point : j'épouse la fille et non le père. Cela t'étonne que j'aie déjà pensé au mariage ? Oui, on fait quelquefois du chemin dans la vie, en peu de temps. Mais est-ce ma faute ? Est-ce que nous ne sommes pas le jouet des circonstances au cours de cette existence que nous avons la prétention de mener à notre guise et suivant nos goûts, en invoquant le libre-arbitre ? Le sort m'a poussé ici, devant cette figure de femme que j'aurais tout fait pour découvrir si j'avais su qu'elle existât, mon sort est implacablement lié à elle...... Tu penses que je suis fataliste ? Eh, ne suis-je pas oriental par ma naissance ?

— Oui, tu es fataliste, et si tu pars de ce principe que ton sort est inévitablement lié à celui de cette jeune fille, je te préviens que tu es très mal disposé pour examiner la solution de ton cas. Tu viens de me dire, là, de fort jolies choses que M. Prudhomme n'aurait pas désavouées; tu m'as montré que tu étais devenu un peu sévère, mais aussi que tu avais perdu en sens pratique. Et maintenant, pour revenir à la solution.....

— La solution? » interrompit Henri violemment, « elle est toute trouvée. Je vais aller voir mon individu et lui demanderai ce qu'il compte faire. Je ne lui dirai pas mes raisons.....

— Il faudra bien en avoir d'acceptables, si tu ne lui donnes les vraies.

— Je ne lui donnerai aucune raison; il me croira fou, que m'importe ! Je lui dirai d'épouser Jany, sa maîtresse, et cela le plus tôt possible. Je sais qu'il refusera ; eh bien, je le tuerai !

— Oh ! oh ! mon cher Henri, tu marches vite en besogne. Tu es venu ici beaucoup pour me demander conseil et un peu pour fuir Démitri; et voilà que tu te passes de moi pour décider et veux aller trouver celui que tu nommes déjà ton adversaire. Sais-tu ce qu'il te faut faire et ce que je ferais à ta place ? J'attendrais le plus prochain courrier et, d'urgence, je m'embarquerais, quitte à trouver la première bonne ou mauvaise raison, auprès de mon administration, pour expliquer mon départ subit. Nous sommes en Orient, tu as de solides protections, tu saurais bien les faire valoir pour que ton avenir ne fût pas trop compromis. En un mot je fuirais, à quelque prix que ce fût. Au moins, si tu te sens incapable de prendre une résolution énergique, et il n'y en a pas d'autre que celle que je t'indique, attends, avant de t'arrêter à une décision, de connaître mieux celle qui semble t'avoir enlevé la raison. Après les confidences qui t'ont été faites et dont, à mon avis, il y a lieu de se méfier, étant donné l'homme, il me paraît que cette Reny est une fille sans beaucoup de principes, gâtée par une éducation relâchée, sinon pire. Etudies donc celle au sort de qui tu veux, par un coup de tête ou plutôt de cœur, lier ta destinée. Le résultat est susceptible d'amener un changement dans tes idées; tu te dois, dans tous les cas, à toi-même, l'espèce d'enquête préalable que je te conseille. Quand à celui qui n'a pas craint de trahir le dépôt moral fait à son honneur, je crois qu'il y aura moyen, si tu le crois lâche, de l'amener à régulariser sa situation pour ne pas t'en créer une fausse, si ton enquête ne change rien. Lorsque, cependant, tu te seras arrêté à un parti, si mon amitié t'est nécessaire, tu sais que tu peux compter sur elle ; c'est elle aussi qui te dicte les conseils que je te donne. Je pars demain matin pour les villages ; dans une semaine je serai de retour et à ton entière disposition ; mais réfléchis.

— Merci, mon cher, je sais que je puis compter sur toi, en toute occasion ; adieu, à huit jours. »

Et Henri me quitta, après m'avoir chaudement serré les mains.

J'étais resté dehors quinze jours pendant lesquels j'avais bien souvent pensé à mon vieil ami. Je n'augurais rien de bon de son tempérament fougueux, prompt à résoudre, d'une façon ou d'une autre, les moindres questions comme les plus graves, dans le sens de ses idées ou de ses goûts. A mon arrivée j'allai le voir ; je ne le trouvai point mais le soir il était chez moi.

J'habitais alors, un peu à l'écart de la ville, une petite maison assez isolée, tout au bout d'une longue avenue sablonneuse, avec des orangers, des cactus et des plantes sauvages comme jardin. J'étais dans la grande cour qui précédait mes appartements, finissant de dîner; il arriva, le sourire aux lèvres, en disant :

— C'est fait.

— Qu'est-ce qui est fait, sagesse ou folie ?

— Pas de gros mots ; l'affaire est arrangée. J'ai eu un long entretien avec Démitri qui m'a traité de dément ; il ne comprend rien...

— Parbleu !...

— Ne m'interromps pas, je te prie ; donc je lui ai proposé la chose la plus simple du monde : se battre ou disparaître pour ne le revoir jamais.

— Pardon, est-ce qu'on se bat ici ? Et quant à disparaître, je verrais volontiers cette mesure prise par toi ; le résultat serait le même. Tiens, si tu veux, je t'emmène ; nous irons en un pays de houris, au Caucase, dans l'Inde, où tu voudras ; dans un mois, — un mois de congé que tu obtiendras aisément, après l'avoir pris, — il n'y paraîtra plus, et Démitri pourra continuer à l'aise son... professorat.

— Tu es insupportable, l'affaire est arrangée, te dis-je ; il ne veut pas partir, donc nous nous battrons et je le tuerai. J'ai attendu ton retour. Rien n'a transpiré en ville, bien entendu. Il est sous le protectorat d'un consulat quelconque, quoi qu'il arrive il ne sera pas inquiété, à moins que.....

— A moins que tu ne le laisses sur le carreau, je comprends ! Sais-tu que tu deviens d'une férocité de Peau-Rouge ! Et c'est cela que tu appelles une affaire arrangée ! Alors il a refusé d'épouser sa belle ?

— Oui.

— Et tu ne veux pas n'avoir qu'un demi beau-frère après n'avoir eu qu'une demi-vierge. Ecoute, puisque tu ne peux te passer de ta vision en chair et en os, demande-la à son papa, termine vite tes travaux, épouse-la un jour de départ du courrier et va passer ta lune de miel au Japon où tu te feras engager par le Mikado dans son corps d'ingénieurs.

— Tu plaisantes en des circonstances pourtant graves.

— Mais non, je ne plaisante pas.

— Enfin veux-tu me servir ?

— A faire une bêtise, plusieurs bêtises même, non !

— Sais-tu seulement ce que j'ai à te demander ?

— Parbleu, d'être ton témoin.

— Et tu le seras; mais tu n'auras rien à

craindre ; nous avons tout prévu ; celui qui restera sur le carreau se sera suicidé.

— Suicidé ? Je ne comprends plus.

— C'est pourtant bien simple. Nous écrirons chacun une lettre que nous porterons sur nous, et, l'affaire terminée, le vainqueur ramènera le vaincu comme s'il l'avait trouvé au cours d'une promenade ; la lettre fera foi.

— En effet, c'est d'une simplicité enfantine. Seulement c'est aux témoins à prendre les dispositions du combat.

— Je le sais ; mais ici nous les avons prises nous-mêmes.

— Et cela se passera ?

— Après-demain, — le temps de mettre de l'ordre dans nos affaires, — à dix heures du soir, sur le terrain dit « de Marba », dans les cactus ; la lune sera pleine, et tu sais si elle éclaire, dans ce pays. Dès huit heures du soir il n'y a plus personne sur les routes, nous ne serons pas dérangés. J'aurai un témoin, toi ; donc je suis assuré, de ce côté, de la discrétion. Démitri en aura deux, deux jeunes indigènes en pantalons et en faux-col auxquels il peut, paraît-il, se fier. J'ai exigé qu'il en eût deux, on ne sait pas ce qui peut arriver.

— Et tu crois qu'ils se tairont ?

— Pour ne pas être inquiétés, oui. Ils savent ce qui les attendrait si l'on savait, car ils sont raïas et placés sous la loi turque qui ne reconnaît pas le duel.

— Parfait. L'arme ?

— Le pistolet, à huit pas, à cause de l'heure.

— Dis-moi, si je te proposais quelque chose ?

— Va au diable avec tes propositions. D'ailleurs il est trop tard et tu sais qu'avec moi chose décidée est chose faite.

— C'est bien ce qui m'effraie... Saprelotte, tout cela n'est pas naturel, ni régulier : un duel à mort au clair de lune, à huit pas, avec un seul témoin ! Et ici, ici ! Et si tu le blesses seulement, à quoi auras-tu abouti ? A lui enlever ou à amoindrir un de ses avantages comme fiancé possible. Il a refusé une fois, il accepterait peut-être en le prenant autrement. Que sais-je ? Si tu voyais Jany qui ne doit pas demander mieux que de se faire épouser par son amant ? Si tu flanquais, par elle, le père entre les jambes de ce Démitri ? Le vieux corsaire, malgré sa placidité, serait peut-être homme à obtenir réparation.

— Cela pourrait donner un résultat, mais serait assurément fort long.

— Et tu es pressé d'en finir ?
— Justement.

— Une autre circonstance peut se présenter.
— Laquelle ?
— Jany peut faire avorter ton mariage avec sa sœur si tu lui abîmes ou si tu lui tues son amoureux qu'elle a le droit de considérer comme son futur mari.
— Mais puisqu'il se sera suicidé !
— C'est juste; à moins que les bons amis ne se laissent aller à une confidence de ce côté, dans lequel cas nous serions tous en de beaux draps !
— Alors tu refuses de me servir ? Eh bien je me passerai de toi ; seulement ton abandon pourrait me coûter cher, au cas, — peu probable mais possible, — où l'on apprendrait l'aventure.
— Ah, mon cher Henri, tu places ma vieille amitié pour toi à une rude épreuve ! J'accepte, mais j'aurais souhaité une autre solution, plus raisonnable et plus logique. Une question encore.
— Dis ?
— Dans quels termes es-tu avec Reny ?
— Excellents ; je l'ai vue presque tous les jours, chez elle. Je cherchais à éviter la présence de Démitri, ce qui n'était pas aisé, mais j'y ai réussi souvent. Ensemble, la situation était des plus pénibles et, malgré nos efforts, on

s'est aperçu de quelque chose. Reny comprend, je crois, qu'il y a un point noir entre lui et moi ; je suis sûr de ne pas lui déplaire, cela me suffit.

— Et si vous vous blessez seulement ?

— Nous recommencerons ailleurs, à B... ou G..., aussitôt que nous le pourrons.

— Et si tu es tué ?

— Parbleu, nous ne recommencerons plus !.... mais ce sera, quand même, une solution.

— Bien ; alors impossible d'éviter cette rencontre extraordinaire ?

— Impossible.

— Tant pis, à après-demain.

— A après-demain.

Henri se retira et j'allai me coucher fort perplexe. Ainsi je me trouvais seul témoin, sur cette terre étrangère régie par des lois autres que les nôtres et par des mœurs différentes, d'un ami qui prétendait tuer un homme sous le prétexte qu'il s'était rencontré sur son chemin, entre une famille dans laquelle il voulait entrer et lui. J'allais me mettre dans le cas de me faire arrêter, peut-être, comme complice d'un meurtre.

La nuit je dormis mal et les brouillards du rêve me montrèrent longtemps des ombres chinoises de guets-apens, d'amoureux enlacés et de gendarmes turcs acharnés à ma poursuite. Ce fut un cauchemar.

Il est neuf heures ; sur une route poudreuse dont le ruban blanc se détache, sous la lumière blafarde de la lune, en un long serpent argenté, jusqu'à l'horizon confus des jardins, trois hommes marchent rapidement, silencieux, bientôt suivis par deux autres, longeant l'ombre noire d'une haute haie de cactus. La ville est loin derrière et son pain de sucre écrasé semble une majestueuse ruine inhabitée. Pas une lumière dans le champ visuel ; personne sur la route, comme en un pays désert. Quel calme dans les jardins, sous les orangers dont les puissantes effluves des floraisons récentes nous arrivent par chaudes bouffées ! Et là, dans la poussière musquée, se pressent deux êtres civilisés qui marchent à leur destruction.

Henri est près de moi, très maître de lui, me parlant à voix basse, me renouvelant des recommandations malgré la certitude qu'il conserve de sortir indemne de cette lutte nocturne. Je ne sais dans quel état d'esprit se trouve son adversaire, devant-nous, mais certainement il est moins émotionné que je ne le suis moi-même Ce duel en face de la lune dont le glorieux disque resplendit au fond de la voûte céleste, ce silence qui nous environne, ce mystère dont on a entouré une affaire d'honneur, les circonstances mêmes qui l'ont déterminée, — tout cela a agi sur mes nerfs et me remplit d'angoisse.

Au sortir des plantations nous tournons à droite et nous marchons longtemps encore, je ne sais où, entre des haies de cactus qui entourent des enclos de sable. Enfin nous sommes arrivés sur un terrain mouvant, isolé, entièrement découvert, loin de toute habitation, de toute culture, où tous nous nous arrêtons. Les apprêts durent cinq minutes. Autant que je puis en juger Démitri est fort brave, s'agitant avec calme, correct dans ses mouvements. Il va et vient, d'un paquet à terre à ses amis auxquels il cause bas. Je ne sais pourquoi j'ai une défiance, j'observe toutes les allées et venues du petit campement. Autour de nous, tout est toujours silencieux ; nos pas même, sur le sable humide, ne se perçoivent pas. Qui est-ce qui dirige le combat? Moi, je crois. J'ai la fièvre, et ne sais plus qu'à moitié ce que je fais. Henri a été causer quelques minutes avec Démitri, à voix très basse, et le quitte au moment où celui-ci répond à une dernière question par un simple geste vers la poche de son gilet dont il se dépouille. Les armes sont chargées, tirées au sort, remises à leurs ayants droit, la distance est mesurée, les adversaires se placent, et, au commandement, deux éclairs traversent la demi-clarté de l'atmosphère.

Quelqu'un est tombé, c'est Démitri.

Le lendemain, la ville était en grand émoi et le journal officiel du lieu publiait, en langue locale, le fait divers suivant :

« Un épouvantable malheur a atteint la famille K., une des plus estimées de notre ville... Le fils aîné, Démitri, s'est suicidé en se tirant une balle dans la poitrine...... Hier soir, vers dix heures, Messieurs Henri F.. D.. G.. et J.. revenaient d'une promenade dans les environs de la ville, quand, traversant l'enclos Marba pour passer de la route Nord à la route Est, ils trouvèrent leur malheureux ami étendu dans le sable, un pistolet près de lui... Dans la poche de son gilet se trouvait un écrit qui faisait connaître sa funeste détermination dont on cherche en vain le mobile. »

Quelque temps après, je quittais la ville de Ixe, et, il y avait six mois que j'étais revenu en France, quand je reçus, du Japon, une volumineuse épître d'Henri qui m'annonçait son mariage avec Reny, son voyage à l'île de Niphon et son récent engagement dans le corps des ingénieurs du Mikado. Il avait mis à profit mon conseil, mais... après la lettre.

UNE
QUARANTAINE A ALEXANDRIE

UNE QUARANTAINE

A ALEXANDRIE

Marseille était indemne. Au milieu des caprices d'une épidémie cholériforme, voyageuse autant qu'inexplicable, elle était restée, grâce aux intelligentes mesures d'un maire médecin, saine et calme, un peu voilée, à la vérité, par les émanations sulfureuses qui s'échappaient en fumées denses et bleues de toutes les issues de la voirie, mais sauvée comme par miracle des atteintes du fléau.

Cependant l'administration sanitaire ne pouvait admettre une pareille exception. Tremblant de la responsabilité qu'elle croyait assumer, en ne faisant pas un peu de bruit, elle se soulagea en motivant l'envoi de Paris d'une commission d'hygiénistes aussi distingués qu'officiels, chargés de rapporter sur la situation de la ville. Grand bruit dans Landerneau et au dehors ! On envoit une commission médicale dans la cité phocéenne, se dit-on, donc Marseille est malade, le microbe scélérat y a élu domicile, et, sans conteste, sans autre information, sans preuve, Marseille est tenue à l'écart, son commerce entravé, ses relations atteintes, ses navires envoyés à la quarantaine. La moyenne des décès journaliers, hebdomadaires, mensuels se trouvait bien inférieure à la moyenne correspondante des années précédentes qui n'avaient vu venir aucune commission, mais on ne raisonne pas avec l'administration, pas plus qu'avec la peur. Il y avait eu de la fumée administrative donc il devait y avoir du feu cholérique.

C'est sur ces entrefaites que le Djemnah, de la compagnie des Messageries Maritimes, quittait, un vilain soir de mistral, la cité venteuse officiellement infectée, le ventre rebondi de marchandises, le pont couvert d'une foule de passagers.

Moins de cinq jours après, la silhouette blanche du phare d'Alexandrie, la côte basse, jaune, d'Egypte dans ses eaux troubles, se dessinaient à l'horizon, et le Djemnah se trouvait bientôt dans l'avant-port, en face des moulins à vent et des découpures tristes, sablonneuses, solitaires, qui bordent l'ouest de la ville, le long de la mer.

La perplexité avait été grande durant le voyage, sept jours de quarantaine étant à craindre. Aussi avions-nous fait toutes les suppositions acceptables, nous étions-nous livrés à toutes les combinaisons que peuvent enfanter des cerveaux bornés par l'immense, l'uniforme horizon de la mer. Tous les commentaires, toutes les idées, les connaissances de ceux qui avaient déjà passé par cette situation avaient été discutés et certaines histoires étaient revenues dix fois sur le tapis. « Figurez-vous, » disait, pour la onzième fois, une dame aimable, ronde et active qui se rendait à Ismaïlia, « que j'ai eu une bonne, l'année dernière, qui revenait de son pays, une île grecque, et qui m'arriva exténuée, réduite à l'état de squelette par une quarantaine de huit jours à Alexandrie, » et, malgré la ré-édition, un petit frémissement d'appréhension secouait quand même l'auditoire.

L'anxiété avait donc été croissante, et chacun tremblait à l'idée d'être, — ce que l'on avait dit, — « parqué comme des bestiaux dans un lieu solitaire, livré à toutes les cupides manœuvres d'un concessionnaire mal en affaires ». Ce renseignement avait fait le tour du bateau, et l'on répétait, à ce sujet, les détails les moins propres à faire naître la tranquillité.

Le Djemnah, cependant, marchait toujours ; il avançait lentement, prudemment, comme sous l'influence d'un regret d'avoir à humilier sa belle et forte santé de colosse inébranlable devant cette ville de nippes bleues et de chiffons sales.

Le pilote ne monta pas à bord ; venant au devant de nous, il avait été happé au passage de sa grande barque à voile et celle-ci avait été amarrée sur le flanc, traînée au milieu de l'écume blanche soulevée par l'eau des condenseurs qui, par deux larges bouches, s'abattait à la mer. D'en-bas, droit à l'arrière, noir et sévère, l'Arabe dirigeait notre navire en envoyant ses ordres à la passerelle attentive : Droite ! Stop ! Babord ! Tribord ! Lentement ! En arrière ! Et c'était un contraste bien curieux que l'imposante masse du Djemnah livré corps et âme à ce mauricaud qui, immobile dans sa coquille, le menait au gré de sa volonté, de ses ordres, et faisait penser à ces pachydermes trompés de l'Inde qu'un gamin dirige d'un mot, en courant près de lui.

Enfin le bateau s'arrêta, et ce dernier moment d'attente, d'incertitude nous donna la fièvre. Tout le monde était sur le pont, anxieux, comme à son poste ; chacun suivait les allées et venues des barques autour du navire et les menées d'un remorqueur qui évoluait dans nos eaux avec une mystérieuse allure de sentinelle surveillant un prisonnier. Près de nous, il se forma des groupes: un monsieur jaune, à la veste grise piquée du ruban rouge, assis en travers de sa chaise de rotin, parlait. On eût dit le Messie causant avec ses apôtres, tant on prêtait attention à ses paroles, mais un messie impoli et point galant, car des dames, arrêtées là dans l'espérance d'apprendre quelque chose, écoutaient droites devant lui. Chacun se laissait prendre à ce noyau où certainement on devait avoir des nouvelles, et se retirait étonné de n'avoir surpris qu'une vingtième édition de toutes les suppositions faites depuis le départ.

Le long des bastingages, une bordure humaine restait immobile, attendant toujours, se passant les uns les autres quelques paroles brèves qui circulaient comme le feu sur une mèche de mine. Tout ce monde regardait l'horizon du côté de la jetée aux charbons derrière laquelle se dressait une forêt de mâts, et chaque barque qui se montrait était surveillée, analysée, commentée. Celle du bord, avec son petit drapeau jaune flottant et son vieux docteur galonné, n'était pas encore revenue de la Santé où se discutait notre sort. D'ailleurs la patente n'était pas *nette*, et nous prévoyions que nous ne l'échapperions pas. Ici et là, quelques dames étaient allongées sur leurs chaises ; les missionnaires, toute une bande de robes noires et marron, causaient avec une jeune femme en deuil qui, abandonnant son mari, s'était faite leur très humble servante tout le long des quatre journées et demie de mer, et deux sœurs de charité, toutes deux jeunes et jolies, gardaient le silence au bout d'un banc de bois, très réservées dans leur douceur monastique. Les enfants seuls se faisaient entendre, courant, se disputant ou jouant une centième partie de palets, s'embarrassant dans les jupes des bonnes et d'une nourrice italienne très jeune, bien cambrée, qui avait étalé un peu dans tous les coins, sa gorge plantureuse.

L'arrivée d'un officier attira l'attention de tout le monde. On se tut et, doucement, on convergea vers le groupe de privilégiés qui l'avaient retenu au passage pour savoir. Et l'on sut : « sept jours de quarantaine, tout le monde descend ! »

Comment cette nouvelle était-elle venue ? On ne savait ; cependant elle était certaine. Alors il y eut un mouvement. De tous côtés on courait se donner les nouvelles ; une dame cherchait son mari ; un mari demandait sa femme qui faisait justement son apparition à l'ouverture de la descente des premières ; un monsieur galant cherchait partout une blonde et transparente allemande qui montrait un cou de statue et qui, seule à bord sous la protection d'un petit consul de sa nation que cette tutelle paraissait ennuyer, ignorait les nouvelles, ne sachant pas le français ; la jeune femme en noir, très affairée, se démenait pour trouver les pères et leur apprendre le sort commun ; une dame anglaise très raide tendait son cou sec et regardait, semblant comprendre quelque chose, de son œil froid et mort ; les sœurs se levaient sans hâte, réveillées, attirées enfin par le bruit, et un jeune moine, cerclé de cuir, promenait sa précoce rotondité sous une large figure glabre et idiote, paraissant complètement étranger à ce qui se passait autour de lui.

Ainsi chacun se remuait, allait, venait, ou piétinait sur place, consultait les quatre points cardinaux du pont, les traits soucieux et crispés d'ennui, tandis que le commandant, un vrai loup de mer qui ne riait jamais, silencieux comme un sphinx, prenait tranquillement quartier sur sa chaise de toile à voile, près de la porte de sa cabine, — en ayant vu bien d'autres. Ici et là, on entendait dans le murmure général, des exclamations, des bouts de questions sur un ton rude, des réponses colères jugeant d'un mot violent le progrès qui allait immobiliser, pendant des jours, tout ce commerce de gens et de choses. Les mots de « microbe », « quarantaine », « idiot »,« insensé » partaient de la foule comme des fusées, dominant le bruit général. Des discussions s'élevaient, engagées un peu partout, desquelles il ressortait que le Khédive n'était qu'un gâteux pris de peur; que la commission sanitaire assumait là une grosse responsabilité; que jamais il n'y avait eu de choléra à Marseille ; que tout cela venait du concessionnaire du Lazaret à court d'argent, attendant les bateaux pour faire agir sur la commission ; que c'était une affaire d'intérêt personnel, etc., etc. Le mécontentement était général. Il n'y avait de graves, dans tout ce monde, que quelques dames, des Syriennes parlant l'arabe et qui, se trouvant aux premières, croyaient devoir conserver la dignité de leur place en ne se mêlant pas à la plèbe des secondes.

Au delà, venait toute une foule de passagers de pont installés un peu partout, le long des bastingages, entre leurs caisses et leurs malles ficelées, coiffés de turbans, de tarbouches, de chapeaux sales ; portant pantalons turcs, pieds nus ou en pantoufles, — Syriens de Beyrouth, de Jaffa, de Port-Saïd, suant la misère et la vermine, regardant, en silence, par-dessus les plats-bords, cognés les uns sur les autres ou tournés vers le groupe turbulent des passagers de chambre qui prenaient toujours des chemins de traverse pour éviter de les croiser sur le pont.

Quelques messieurs graves se dédoublaient, courant à tous les groupes, colportant une idée, une démarche à faire à l'administration. N'y avait-il pas à être vexé, furieux de cette mise à l'écart absurde, sans raison, de cette inaction en perspective devant sa destination. La santé n'était-elle pas excellente à Marseille, et à bord même où le cambusier se plaignait que l'on mangeait trop et qu'on lui buvait toutes ses provisions de vin ? Et l'on évoquait encore la promiscuité de ce lazaret trop petit obligé de s'ouvrir devant toute cette foule ; on disait qu'hommes et femmes allaient vivre ensemble ces sept jours, séparés par une simple toile que les moindres mouvements, les plus petits bruits traversaient ; qu'on y mourait de faim quoique payant très cher, enfin qu'on y était empoisonné par une nourriture malsaine, en rappelant le cas de gens très bien portants sortis malades de ce *sanitarium* égyptien. Et puis c'était la désinfection des malles, des caisses, de tous les bagages, pêle-mêle, dans un désordre complet, à la suite de laquelle personne ne s'y reconnaissait plus, des objets et des effets manquant aux uns, tandis que d'autres en trouvaient qu'ils ne connaissaient pas.

Au milieu de ces plaintes il circula cependant un demi-éloge : les chambres étaient spacieuses et, dans un petit jardin annexé à chacune d'elles, les reclus pouvaient s'ébattre à leur aise. De suite vint la bonne humeur, les plaisanteries trouvèrent une issue dans les cerveaux en fermentation et l'on rit franchement, tant il est vrai que la nature humaine est prête toujours à s'accommoder et à se faire une philosophie de toutes les circonstances. Les cas les plus bizarres furent passés en revue ; les propositions discutées sérieusement, des paris engagés et, par influence, la gaieté partie d'un groupe gagna tout le monde, s'étendit comme une tache d'huile.

Toutes ces hâtes, ces causeries, ces plaintes

ces bruits de voix, ces murmures de discussions, ces remuements de robes et de chaises, ces claquements de pas sur le plancher du navire faisaient, de loin, comme un bourdonnement d'immense ruche.

Cependant en bas, dans le salon un parti rédigeait une pétition qui devait être indignée et qui ne fut que respectueuse. On cherchait des termes, des raisons pour la bien étayer, la rendre irrésistible, quand un nouveau mécontent arriva, lâchant la nouvelle : « Les passagers à destination d'Alexandrie seuls descendent, les autres restent à bord jusqu'à nouvel ordre ! » C'est cela maintenant qui fait le sujet des récriminations de ceuxqui vont au delà du port égyptien, cette obligation de quitter le navire, et des jalousies s'allument dans les yeux, tandis que les bouches sourient quand même en envoyant des félicitations du bout des lèvres. Le brouillonde la pétition fut froissé et l'on ne retint qu'une demande à la compagnie des Messageries rédigée par le parent d'un de ses hauts fonctionnaires, dont la signature s'étalait entête pour en indiquer l'origine.

Il y eut alors un brouhaha, une poussée de gens descendant et montant, courant aux cabines, faisant claquer les portes, criant des ordres aux garçons peu émotionnés, habitués à ces incidents et qui se retournaient sans hâte, comme des gens dont on dérange la digestion.

Les plus mécontents, par conséquent les plus turbulents, étaient maintenant satisfaits ; ils parlaient cependant d'écrire aux journaux, de les questionner, mais un cri s'éleva, venant d'un auditeur : « Ce sont les journaux qui sont cause de notre quarantaine ! » et l'on se tut.

Lentement, sur le pont et dans les salons, le mouvement alla en décroissant ; chacun regagna sa cabine, n'ayant plus rien à apprendre, et le train ordinaire reprit son mouvement ; l'on vit des passagers se promener, des officiers faire leur service, des garçons parcourir les *batteries* et les gens de l'équipage rejoindre leurs postes.

Mais le calme fut de courte durée. Peu après, dans l'entrepont, à une *coupée*, toute une armée d'Egyptiens en loques bleues, enturbanés ou le chef couvert d'un tarbouche sans couleur, vêtus de guenilles, firent irruption dans le bateau : une crevée d'égoût qui fit reculer tous ceux que la nouvelle de cette invasion avait amassés là. On venait chercher les bagages des condamnés à la réclusion sur terre. Le chaland était déjà allongé contre le navire, sous la coupée, amené par un remorqueur qui attendait en vomissant des torrents de fumée, et, aussitôt, le mouvement recommença, une nouvelle attaque de fièvre reprit tout le monde. Les panneaux des cales furent enlevés ; des plans glissants installés ; les Arabes, guidés par les matelots qui les poussaient ou les insultaient gauchement dans leur langue, s'allongeaient en files grouillantes ; le treuil fit entendre son grincement métallique, secouant tout le plancher, et les colis défilèrent, appelés par leurs numéros, montant du pont d'en-dessous, dégringolant du trou de la cale sur les panneaux où ils s'amassaient, poussés par tous ces corps noirs qui gesticulaient et se démenaient comme des diables. Quel brouhaha, alors, dans cette partie de l'entrepont ! Quel bruit de caisses renversées retombant pesamment, glissant de tous côtés, d'ordres entremêlés, de cris des passagers cherchant à arrêter des bagages, d'appels d'officiers, de jurons du pays mal dits par les hommes du bord, de piétinements de pieds nus, de poussées de gens fourvoyés entre les colis et n'en pouvant plus sortir ! Certains purent encore obtenir des concessions du commissaire, bon enfant mais obsédé, courant du pont supérieur au travail d'enlèvement d'en-bas, répondant à tous et les envoyant, par gestes, tous promener. Les passagers qui avaient le bonheur de rester à bord, à l'affût de leurs bagages dont ils donnaient les numéros aux caliers, aux moniteurs de la coupée, s'enchevêtraient les uns dans les autres, bousculaient les Arabes et étaient arrivés à encombrer tellement les issues, de leurs malles, que le travail en devenait impossible.

Tout à coup, tombant comme un ordre céleste, la voix forte et sévère du commandant se fit entendre d'en-haut : « Tous les bagages, indistinctement, à terre ! » Ce fut encore le signal de poussées, de hâtes, de demandes, d'appels, de plaintes qui volaient dans l'air, éclataient comme des fusées et ne recevaient pas de réponse.

Enfin les chalands se trouvèrent pleins ; l'enlèvement des choses fini, il restait à opérer l'embarquement des personnes.

Pendant le déjeuner, qui eut lieu une heure plus tard qu'à l'ordinaire, à 11 heures, et qui était supplémentaire — « 4 francs pour les grandes personnes, 2 francs pour les enfants, » disait l'avis affiché au salon des secondes, —

on parla beaucoup, on discuta et, sous la douce influence d'un excellent vin et de la digestion, les colères et les critiques disparurent pour faire place à la plus franche bonne humeur. Le débarquement des passagers ne devant avoir lieu qu'à trois heures, on avait le temps.

D'abord il restait le règlement des comptes avec le maître d'hôtel droit à son poste au dressoir, soucieux sous ses fines moustaches blondes à l'approche des débiteurs, sachant bien qu'il supporterait le premier, dans la somme des étrennes, les conséquences de cette intempestive quarantaine.

Ensuite vinrent les derniers préparatifs. Dans les cabines on entendait empaqueter, boucler, remuer des clefs, ficeler, fouiller les moindres coins pour ne rien oublier, et le mouvement des colis à emporter avec soi qui s'entassaient aux portes et que des garçons, longuement interpellés, venaient prendre pour les transporter vers la coupée de sortie. Ce moment est, à toutes les arrivées, l'heure des transformations. Les costumes commodes et légers de la traversée, les chemises de laine teinte font place aux sévères et rigoureux vêtements de terre ; les chapeaux noirs, les cannes des messieurs, les coiffures élégantes des dames remplacent les calottes, les *caps* anglais et les mantilles. L'entrepont s'encombra donc de nouveau, les colis s'y entassèrent les uns sur les autres, malles ficelées, cerclées, cartons, couvertures de voyage, paquets de cannes, près desquels chacun prit place, attendant l'ordre.

Les passagers de première classe partirent les premiers, dans un large chaland à bestiaux traîné par un remorqueur poussif, recouvert d'une vaste tente qui abritait des bancs de bois blanc construits à la hâte et où chacun s'installa comme il put.

De nouveau le remorqueur se montra à l'horizon, traînant le ponton comme une vaste carcasse de cétacé, et, rangé près de l'échelle, on procéda à un autre embarquement de bagages et de passagers. Le long de la descente, des messieurs accompagnaient les dames qui s'y engageaient prudemment ; en haut, les uns et les autres se saluaient, échangeaient les dernières paroles et ne se hâtaient pas. C'était l'inconnu auquel pensaient les partants avec appréhension, le souvenir de la fièvre générale qui revenait avec les craintes évoquées et le regret de quitter les habitudes déjà prises. Les uns et les autres se faisaient des adieux, échangeaient des cartes ; ceux qui restaient réitéraient des recommandations, des encouragements, des conseils, se prodiguaient en paroles, généreux comme tous ceux qu'une joie anime, donnaient des rendez-vous, ou faisaient des invitations pour des époques à fixer par les hasards de la vie : « bonne chance », « à bientôt », « ne manquez pas de venir nous voir », et ces amis de cinq jours se serraient les mains comme de vieilles connaissances.

Cependant il y avait des retardataires. Un monsieur jeune cherchait son compagnon de cabine ; la femme de chambre demandait à tous les échos une dame qui avait oublié un paquet et le cherchait ailleurs ; enfin les sœurs, heureuses, souriantes et babillantes pour la première fois, n'arrivaient pas à se séparer de la jeune femme en noir qui se démenait pour ne pas quitter un père également frappé par le sort et qu'entouraient les religieux se rendant en Syrie.

Peu à peu les rangs s'éclaircirent et nous restâmes une trentaine seulement, alignés, en haut, au-dessus de l'échelle, pour envoyer nos derniers adieux et jouir pleinement du plaisir de rester en voyant les autres partir. Enfin le remorqueur vomit un torrent de fumée noire, évolua, souffla et le chaland suivit dans son sillage, lourdement, lentement, tandis que quelques mains se levaient encore pour saluer.

Alors commença, pour nous, la vraie quarantaine, avec une sensation d'abandon, de mise à l'écart comme des lépreux, des pestiférés, dans ce grand coin monotone des ports, non loin du rivage jaune et des bouquets de verdure. Le silence régna à bord ; chacun chercha ses connaissances préférées ; il se forma un groupe pour délibérer sur la situation, et prendre des dispositions pour le futur programme. Enfin un projet fut élaboré, après quoi la réunion se disloqua et chacun tira de son côté en jetant un coup d'œil d'ennui par-dessus la côte solitaire où se balançaient, gracieuses, les cimes des dattiers.

Le fumoir, qui avait vu des parties si bruyantes de cartes ou de dominos dans l'atmosphère trouble des cigares, restait vide ; le pont, où vingt-quatre heures auparavant se mêlaient cent fauteuils de toutes formes et de toutes couleurs, où se pressait tout un monde remueux et impatient, ne montrait plus qu'une maigre rangée de rotins qu'un homme du bord avait alignés, après le balayage. Les salons étaient tristes, et l'on sentait un vaste recueillement qui nous faisait parler bas.

De temps en temps, se montrait, aux environs, la silhouette d'un homme de la police sanitaire, avec ses galons jaunes et sa figure noire, — c'était notre gardien provisoire, — et, en bas, évoluait une élégante barque à voile sur la blancheur de laquelle se détachait, en noir, le mot « police ». C'étaient là nos geôliers : nous étions bien gardés. Les Arabes qui nous avaient envahis, à l'arrivée, étaient restés à bord, en quarantaine comme nous, et ils avaient pris quartier sur le gaillard d'avant où ils passaient de longues heures de douce paresse.

Dans la soirée, il y eut un mouvement : tandis qu'en bas, au salon, une dame anglaise étudiait un fade morceau de mélodie, en chantant d'un ton de serinette, en haut, sur le pont, s'organisait une longue partie de palets en quelques milliers de points. Le plateau vert, sur lequel se détachaient vaguement les gros numéros blancs, fut le grand espoir en perspective après les longues heures de sieste ou de lecture somnolente, et celles si impatiemment attendues des repas. Les dames prirent part à la lutte, lançant gauchement les rondelles de caoutchouc qui retombaient, dans le silence, avec un claquement sec. Les enfants, les hommes, tout le monde joua et essaya de se persuader qu'il s'amusait vraiment beaucoup. On n'y voyait plus depuis longtemps mais l'on jouait toujours, de confiance, à la lueur faible du bec électrique qui sortait de la tente. « Le premier, M. D. a 2545 points », disait le pointeur, un chiffon de papier à la main, au moment où la cloche, bruyamment agitée tout à coup, annonça le dîner. Ce fut une débandade subite, un abandon complet, heureux, du jeu pour la table.

Après le repas, une dame maigre et une demoiselle grasse, trop haut placées certainement pour prendre part aux jeux et aux conversations et qui s'étaient, pour cela, toujours tenues à l'écart, s'allongeaient, mornes, sur des fauteuils jaunes, tandis qu'un jeune gamin traversait, de temps en temps, le pont silencieux, courant après une fillette. A l'arrière de la *barre* du gouvernail, deux missionnaires s'étaient installés humant les premières humidités de la nuit en regardant naître, l'une après l'autre, les lumières qui étoilèrent la côte noire. A *babord*, la jeune femme en noir causait sur un banc, très près d'un gros curé à mine réjouie plein d'égards galants pour sa jeune pénitente, ce pendant qu'à *tribord* la demoiselle allemande s'ingéniait à amuser la fillette blonde du consul d'Allemagne insensible, dans sa haute dignité de petit représentant d'une grande puissance, à tout ce qui se faisait autour de lui.

Les officiers étaient invisibles ; mais si l'on fût descendu dans la batterie, on eût pu, en enfilant successivement les deux longs boyaux qui longeaient les cabines, entendre une mandoline qui s'essayait en grinçant douloureusement, une flûte qui égrenait sourdement un arpège, et voir, en jetant un coup d'œil indiscret derrière les rideaux verts à demi tirés de deux chambres, un photographe très occupé à examiner un cliché et un peintre tout entier à une étude de nature dont la note verte, en passant, donnait la sensation d'un plat d'épinards. Seul, le commandant ne demandait pas aux arts et aux jeux la saine distraction de l'esprit et du corps. La préoccupation de la lourde responsabilité du navire, dans un mouillage peu sûr peut-être en cas de gros temps, était une raison suffisante de cette abstention ; assis dans l'intervalle de la *bitte* de tribord, en face de sa cabine, il regardait tristement, au loin, les piqûres scintillantes des lumières et pensait.

Le long des bastingages, jusqu'à l'avant, c'était le silence. Les passagers indigènes de pont avaient fourni un chargement spécial au chaland de débarquement et avaient été rejoindre les autres, au lazaret. On n'y voyait que le mouvement intermittent du service ; on n'y entendait parfois que les notes aiguës d'un chant qui sortait, avec un coup d'estompe lumineux, de la porte de la cuisine, ou un appel d'officier, un coup de sifflet qui donnait un ordre, dans l'ombre.

Les silhouettes noires de deux autres navires, arrivés au dernier moment, se montraient près de nous, subissant le sort commun, et, dans la dernière clarté mourante du crépuscule, la voile blanche du bateau policier, évoluant autour des coques, évoquait l'idée d'un immense oiseau de mer attendant la fin de l'agonie de quelque animal marin pour fondre sur lui et commencer la curée.

Vers huit heures il y eut un divertissement, un accès de jeunesse et de gaieté sous la bienfaisante influence du dîner : on joua au *furet*. Oui, des hommes graves, des passagers, des dames, des officiers, jusqu'au vieil et digne docteur, prirent place en cercle devant la ficelle sans fin où un anneau d'or courait, sous les mains fermées, jetant comme des étincelles en traversant les espaces vides, et un chant, qui remuait certainement jusqu'aux plus profonds souvenirs de jeunesse de chacun, s'éleva en désordre, sans rime ni mesure, du sein des rires et des éclats de voix. La brise tiède emporta, ce soir-là, vers les cimes des palmiers, sur l'antique pays des Pharaons, les échos de ce jeu d'enfance. Le docteur fut plein de dévouement à la cause publique, il fut héroïque même de complaisance ; le commissaire montra un entrain sans faiblesse ; chacun apporta sa part d'exhubérante gaieté et put compter déjà, en se retirant, une assez bonne journée de passée.

Le silence sur le pont succéda au bruit et au mouvement. Allongée sur une chaise longue, la jeune Allemande dormait, et les ecclésiastiques tenaient un conciliabule, dans l'ombre de l'arrière, avec la jeune femme en noir dont on entendait la sourdine d'une petite voix flûtée et les petits rires étouffés.

Le lendemain apparut morne ; on se leva tard et le pont, sans le mouvement déjà passé dans les habitudes, fut triste. Chacun établit le bilan de ses projets, et l'on se trouva très pauvre. Il y eut des pêcheurs endurcis qui tentèrent de taquiner le goujon égyptien ; on en vit deux ou trois allonger un bras sans courage par-dessus les plats-bords, dans une pose abandonnée sentant l'ennui ; mais la patience non soutenue se lasse vite, et les lignes, abandonnées, dérivèrent, suivant les mouvements même du bateau. Vers onze heures un vrai divertissement nous vint de nos persécuteurs : la cueillette du linge et la désinfection. Ah ! cette désinfection en quelques gouttes d'un liquide empoisonnant aux quatre coins du navire ! Elle passa presque inaperçue, n'ayant laissé de traces que sur l'odorat. Pour le linge, les employés sanitaires, en ceinture rouge, veste bleue et tarbouche, avaient apporté des sacs qui furent distribués et devinrent un motif d'amusement considérable. La toile se prit d'assaut ; des associations se formèrent pour la mise du linge en commun ; on attacha aux paquets des étiquettes flamboyantes à l'encre rouge et noire, et, les sacs enfin étant ficelés et marqués, chacun courut bruyamment sur le pont pour voir partir la *mouche* du port qui emportait toutes ces hardes entassées à l'arrière.

Certains essayèrent encore de monter une vingtième partie de palets ; mais le projet avorta. Alors les dames eurent un coup de génie en offrant de jouer aux quatre coins. Malheureusement, tout compte fait, on ne se trouva que trois et l'on envoya solliciter la jeune femme en noir nonchalamment allongée près du gros et galant curé; mais elle refusa avec une petite mine dégoûtée et un air de componction de sainte dédaigneuse dérangée dans sa niche, après un long regard interrogatif jeté vers son religieux ami. La blonde Allemande refusa de même, très affairée qu'elle était dans ses nouvelles fonctions de gouvernante officielle, et les dames arabes, sommeillantes, n'engageaient point à une démarche. Ce fut encore un avortement ; toutes les fibres du courage étaient brisées et on se débanda définitivement pour la journée ; chacun alla porter son ennui dans quelque coin, dormir, lire, ou écrire et il ne resta de bruyant, au fond du salon des deuxièmes, que deux jeunes Anglaises qui répétaient le même morceau de chant depuis soixante-douze heures, pour une soirée future.

Le soir, après le dîner, tandis que nous étions tous éparpillés, abattus, sur les toiles cirées rouges des tables, devant des tasses de thé, un sifflement aiguë se fit entendre soudain du dehors, et, immédiatement, un choc violent, comme une formidable poussée, s'abattit sur notre coque jusqu'à l'obliger à se pencher. Quelques cris, à cette subite secousse, se firent entendre derrière les portes des cabines qui s'ouvrirent violemment et, un peu émotionné, on alla à la découverte... C'était un *grain*.

Alors il s'éleva, dehors, un grand remuement de choses et de gens, un bruit de portes fermées, de sabords tombant sur leurs membrures, de fers choqués, d'appels de voix pressées, de pas hâtés, et, dans le demi-jour des batteries, on vit les officiers, surpris en leurs costumes négligés d'intérieur, surveiller et diriger avec calme.

Et, presqu'aussitôt, le vent souffla en tempête, poussant une pluie large. A l'horizon, un voile d'un noir d'encre mêlait le ciel à l'eau ; autour de nous, l'air était trouble comme si un vapeur nous eût entourés. A peine, du côté de la terre, si quelques lumières parvenaient à percer le brouillard d'eau fouettée. Vers la passe, le gros œil blanc du phare se montrait en sentinelle devant l'ouragan, et, près de nous, le fanal rouge d'un navire prêt à tout événement, ses feux allumés, éclatait en une lueur d'incendie au-dessus de la forme à peine visible de sa coque. Mais il ne tarda pas à fuir et à disparaître mystérieusement.

A l'arrière, sur la dunette, il y eut un mouvement de complet désarroi. Vers le milieu et à l'avant, les passagers de pont, recevant en plein par le travers, sur eux et leurs hardes, la poussée de vent et de pluie, fuyaient partout, tiraient des malles pour s'abriter, s'entassaient à toutes les issues ; les femmes tirées par les hommes, traînaient leurs enfants, se cognaient les unes les autres dans l'ombre et, ahuries, ne savaient plus où fuir. Un ecclésiastique, connaissant leur langue, se dévoua, et on le vit tout le temps, dans les échappées de lumière, aller et venir de l'un à l'autre, en tenant péniblement sa soutane.

D'ailleurs le météore dura peu ; une vigoureuse ondée fit suite à la trombe et tout retomba dans un calme à peine troublé par le claquement des larges gouttes d'eau tombant sur les plats-bords et les verres des panneaux.

Le lendemain devait voir notre délivrance. Dès le matin des journaux nous étaient parvenus qu'on lisait avidement et qu'on se passait. L'accusation formulée à bord contre eux avait déjà fait son chemin en ville, — était-ce un cliché ? — car la première page du principal d'entre eux, débutait par un article de fond, se défendant violemment, avec de dures paroles, de prêter la main à l'administration sanitaire, qui avait toute la responsabilité de ses actes. Une lettre aussi nous arriva, venant du lazaret, — une des mille promesses accomplie — et elle était pleine de plaintes sur l'infortune des malheureux enfermés qu'on avait laissés vingt heures sans manger.

Peu après l'arrivée de ce courrier, la nouvelle se répandit que la quarantaine allait être levée, et aussitôt, tout le monde se trouva réuni sur le pont surveillant avidement l'horizon, circulant doucement, les oreilles et les yeux tendus. Les pessimistes la traitèrent de fausse alerte. Le commandant, par discrétion, feignit de ne rien savoir de positif; et ne répondit qu'en termes vagues. Mais, une heure après, une barque, venant vers nous, apparut à l'horizon sous une large voile triangulaire, et tous nous la suivîmes des yeux jusque près de la plate-forme inférieure de l'échelle où elle vint s'amarrer.... Une lettre ! cette fois il n'y avait plus de doute. L'entrée de la cabine du capitaine fut assiégée et la nouvelle circula : « Nous rentrons ce soir à Alexandrie et nous partons demain » ! accompagnée d'un murmure approbateur qui fut la première note d'un concert de cris de joie.

... Et, au coucher du soleil, le *Djemnah* frissonnant sous l'impulsion de son hélice, doucement glissait vers le port.

Alexandrie, Octobre 1892.

LA FÊTE DE VÉNUS À CHYPRE

LA FÊTE DE VENUS À CHYPRE

Là-bas, au fond de la Méditerranée, dans un repli de la côte asiatique, se trouve une grande île presque déserte sur laquelle flottent, depuis dix-neuf ans, les couleurs anglaises. Cette terre est comme un cadavre dont la vie s'échappa, il y a des siècles, et qui attend la nation généreuse qui la fera revivre de sa grandeur passée, car elle a été, il y a longtemps, une résidence somptueuse, un vaste jardin qui avait une universelle réputation, un emporium méditerranéen de tout ce que l'époque connaissait de richesses commerciales. C'est Chypre, la terre d'élection de la mythologique Aphrodite, fameuse par ses temples splendides, par ses sites délicieux; l'île chantée par tous les poètes de l'antiquité et dont le nom n'est plus connu, aujourd'hui, que par un vin fameux, héritage des Templiers.

C'est tout au sud, le long de la côte arrondie où se trouvait la vieille Paphos, ville des Amazones, qu'aborda, vers 2000 ans avant Jésus-Christ, dit la légende, Vénus la blonde sortant des eaux, brillante de sa beauté ; Vénus, la déesse de tous les temps et de tous les peuples. Et son culte s'étendit sur toute l'île. Adorée d'abord sous une forme inconnue ; puis sous celle d'une pierre amorphe météorique, plus tard taillée en cône et remplacée par une pierre conique ; alternativement colosse barbu, colombe, poisson, œuf ; représentée sous mille formes sexuées, asexuées et hermaphrodites, son image passa par bien des figures symboliques avant d'arriver à la gracieuse conception grecque qui la fait vraiment mère de la beauté et de l'amour. Aphrodite, fille de l'Astarté chypriote, a été ici, enfin, à la fois, la déesse des fleurs et des arbres, des fruits et des légumes, des bosquets et des jardins, de la lune et du soleil, des montagnes et des promontoires ; la déesse de la fertilité humaine et terrestre. Des temples renommés lui furent élevés à Paphos, à Kythrœa, — la Cythère ancienne, — à Idalium, à Amathus, à Golgos, au cap Dynaraton, transformation des primitifs autels à ciel ouvert, et sous leurs voûtes se passèrent de mystérieuses choses. A Hieroskipos, la légende place encore le jardin sacré de la déesse, dont les rochers cachaient, il n'y a encore pas longtemps, des chapelles consacrées à la vierge.

Mais ces premiers temps, dont les faits se mêlent le plus souvent aux récits fabuleux, n'ont à peu près laissé d'autre trace, dans les mœurs et les coutumes de notre époque, qu'une fête à laquelle le nom d'Aphrodite s'associe en théorie, mais qui ne se montre plus que sous la forme d'une foire.

Jadis, il y a longtemps, — dit une légende, — les filles chypriotes, soit pour une raison, soit pour une autre, ne trouvaient pas à se marier et gémissaient dans un perpétuel célibat. Elles invoquèrent Vénus la blonde, patronne de l'île. Or, un jour qu'elles se baignaient toutes sur le rivage, l'implorant à genoux, la déesse leur apparut à la surface de l'eau, dans son char d'azur et de nacre, et en emmena un grand nombre avec elle, vers la direction de la côte de Caramanie. On vit le char étincelant glisser au loin, puis se perdre à l'horizon. Longtemps et impatiemment on attendit leur retour, mais elles ne reparurent plus. Et depuis, toutes les années, les filles à marier s'en allèrent, le jour commémoratif de l'enlèvement de leurs sœurs, se baigner sur la plage jaune et invoquer la déesse.

Les Caramans, — dit une autre légende, — étaient des hommes d'une belle stature et bons juges de la beauté. Aussi Chypre, si près de leur pays, faisait chaque année, le jour où, jadis, Vénus posa le pied pour la première fois sur le sol de Paphos, un appel aux plus beaux jeunes gens de la côte qui arrivaient en foule dans leurs barques. Les belles Chypriotes, dans le costume de leur patronne légendaire, s'ébattaient joyeuses, plongeant dans l'eau claire du rivage, devisant en attendant leurs juges. Et ils arrivaient enfin, chacun choisissait sa déesse d'un jour qu'il enlevait triomphant, — pour ne pas aller bien loin, d'ailleurs, car ces choix étaient tout platoniques, la cérémonie s'arrêtant à cette distinction. Celles qui n'avaient pas été enlevées étaient abandonnées par leurs propres compatriotes et ne se mariaient plus ; les autres recevaient, dans l'année même, les hommages définitifs des amoureux silencieux et indéclarés qui attendaient cette sanction des juges caramans.

La seconde légende montre que les habitants de la côte cilicienne se retrouvaient, chaque année, sur les plages sises à proximité des grands temples, à l'occasion des fêtes nocturnes d'Aphrodisia. Elle se voile pudiquement et donne, à ces étrangers, le simple rôle d'arbitres de la beauté. Mais quels débordements délirants, quelles folles orgies ne devaient pas avoir lieu dans les bois sacrés, tandis que les jeunes vierges faisaient, pour la déesse, le sacrifice de leur virginité aux Caramans ! Voilà ce qui les attirait, les étrangers, non seulement des côtes de la Caramanie, mais probablement aussi de la Syrie et des îles voisines. Et celles qui s'étaient ainsi unies pour une nuit, dans le délire d'un fanatisme sans égal, devaient, au réveil de la raison, cacher leur folie dans la conclusion rapide d'une union régulière. Ainsi l'histoire se trouve être d'accord avec la légende.

Ce sont donc, non seulement les plages de Paphos, mais aussi toutes celles qui se trouvaient à proximité des grands temples, qui ont été le théâtre d'une cérémonie conservée par la tradition, arrivée jusqu'à nous défigurée et méconnaissable comme un des plus anciens restes des coutumes de la première époque grecque perdue dans les temps mythologiques. Ce qu'étaient alors ces fêtes, dans leur marche, leur aspect et leurs résultats, nul ne saurait le dire ; mais ce qu'il est permis de supposer c'est qu'elles devaient atteindre le summum de la folie licencieuse, et donner le spectacle le plus complet de l'anéantissement de l'esprit devant la matière, de l'entier écroulement de la raison devant les appétits de la bête humaine.

Aujourd'hui la fête s'appelle *Cataclysmos* (déluge), et a lieu le cinquantième jour après les Pâques des Grecs, le jour de la Pentecôte qui porte également le nom de Cataclysmos. Il n'est pas improbable que, d'abord fête païenne, le clergé chrétien de l'île, devant la popularité dont elle jouissait et l'impossibilité d'en empêcher la célébration, en ait modifié l'idée en la rapportant au déluge biblique ou à la fête chrétienne. Est-ce alors que le nom de Cataclysmos lui a été donné? Il est certain qu'un fait quelconque en usage au cours de la fête, peut-être l'habitude de se jeter de l'eau au visage, a dû justifier cette qualification; à moins que son nom primitif, oublié, n'ait été remplacé par celui du jour auquel on a pris la coutume de le rapporter. Ce qui est plus certain c'est que ce nom est relativement récent.

En tant que Cataclysmos, c'est sur les côtes de Paphos que la fête se sera d'abord célébrée, à l'endroit même où, il y a vingt-quatre siècles, devant le plus célèbre des temples dont il reste encore d'imposants débris, les filles de Kypros se baignaient, mystiquement pudiques dans leur belle nudité, avant d'aller déposer leurs offrandes aux pieds de la déesse. Les fêtes d'Aphrodisia n'ayant plus lieu, les étrangers cessèrent de venir, les barques ne sillonnèrent plus la mer, tandis que le souvenir des beaux Caramans était toujours vivant dans l'âme des filles qui se baignèrent encore, en prononçant peut-être, tout bas, le nom de leur protectrice, mère des Grâces. Et n'est-ce pas cette coutume antique du bain avant les cérémonies du temple qui se perpétua après la disparition de ces derniers, entra dans les coutumes locales, avant de nous parvenir modifiée sous la forme d'un simple exode des populations centrales vers le bord de la mer et de promenades en barque ?

Le déplacement des centres populeux amena la fête de Paphos à Larnaca où, depuis longtemps, elle se faisait aussi, et ensuite Limassol, au sud, ainsi que Famagouste, — vieille et opulente cité française, — à l'est, jalouses de leurs sœurs, se mirent à célébrer, de leur côté, de petits *Cataclysmes* sur leurs plages.

Malgré cette segmentation, opérée depuis une dizaine d'années, le jour du Cataclysmos attire encore une foule considérable dans la capitale commerciale de Chypre. Cette année, tombant en mai, le vingt-neuvième jour du mois, au moment même où les récoltes passent de l'aire au magasin, la fête a amené ici une affluence moindre que celle des autres années. Cependant la populace était encore compacte, remuante, bariolée, montrant, à la fois, tous les costumes de l'île, toutes les richesses campagnardes et surtout toutes les misères. On pouvait évaluer à 3,000 ou 4,000 le nombre des villageois venus de tous les points de la vaste plaine messaoréenne, des côteaux les plus rapprochés de l'Olympe, des districts de Larnaca, de Nicosie, — capitale de l'île, — de Limassol, de Kyrinia et de Famagouste même, sur les rivages de l'ancienne Citium.

La scène se passe à La Marine, à *La Scala*, — ainsi qu'on nomme cette partie de la ville qui s'étend le long de la mer, l'autre étant située à trois quarts de mille à l'intérieur et portant plus particulièrement le nom de Larnaca, — au bord de l'eau, sur un espace de trois cents mètres à peine, depuis un peu avant le siège d'un club grec dont la vieille bâtisse s'avance sur la plage, jusqu'à un petit fortin turc, sans canons, au sud. C'est au bord de cette anse, dans l'étroit espace laissé libre entre la ligne irrégulière des maisons et la mer, que s'installent les baraques. Là sont des cafés grecs, principaux lieux de réunion de la société oisive scaliote, l'été comme l'hiver. Aucune construction remarquable ne frappe la vue ; ce sont des maisons simplement bâties, blanchies à la chaux et munies, la plupart, d'une partie en surplomb comme les *miradores* des habitations espagnoles, qui est la sauvegarde des heures inoccupées des femmes orientales, — vrai poste avancé d'où elles surveillent les moindres incidents de la rue. Le quai, à cet endroit, est irrégulier et domine une bande de plage sablonneuse, pierreuse, où la mer bat en minuscules, mais longues vagues bruissantes.

Pour compléter le cadre du tableau que nous allons essayer de peindre, disons qu'une longue ligne de sable clair, bordée de quelques jardins, se perd au sud dans la teinte vague de l'horizon; que l'est est borné par un écran de collines blanches, basses, arides et tristes ; que, par-dessus le pâté de maisons de la Scala, les têtes de quelques dattiers, aux longs pieds droits et minces, se balancent doucement à la brise ; enfin que tout au bout d'une grande plaine à l'ouest, se dresse le pic noir du mont

Sainte-Croix précédant les montagnes bleuâtres du Machæra.

Dès le samedi soir les baraques ont été établies, et, le dimanche 28 au matin, on commençait à voir défiler, sur la place, des groupes d'étrangers.

Quand je dis « baraques », ce n'est que par simple assimilation, car ce qui les représente ici peut être figuré par des pieux à peine dégrossis soutenant de vieux sacs rongés, des toiles pourries, percées à jour, accrochées les unes aux autres, maintenues comme on a pu et retombant sur les côtés. A quelques-unes de ces tentes misérables, les montants de devant ont été cachés par une verdure maigre et déja sèche. Ici et là, on voit flotter un pavillon, résultat du génie inventif du propriétaire, et, soit hasard, soit intention, un drapeau français tout neuf s'élève au milieu, plus haut que les autres, semblant régner sur un monde de loques. A l'intérieur, des bancs de bois; parfois un orchestre, composé d'un violon et d'une serinette ou d'une mandoline, occupe un coin. Ailleurs, plantées sur les toiles, ce sont d'éclatantes chromos du roi et de la reine de Grèce dénotant le patriotisme du propriétaire. Si l'on y ajoute les cafés, qui, de leur côté, ont encombré leurs portes de centaines de chaises boiteuses, on aura le théâtre, scène et décors, préparé pour la célébration de la fête de Vénus.

Ce jour-là le soleil est très fort, — un vrai soleil d'Égypte, chaud et cuisant, — et, sans une fraîche brise de l'est, la chaleur serait étouffante. Aussi il vient peu de monde le matin. Cependant de petits groupes de familles commencent à arriver qui vont se mettre à l'abri partout où il y a un peu d'ombre. L'après-midi, l'affluence est considérable.

En face d'un petit café, vide malgré le zèle de deux danseurs payés à la journée pour attirer les clients et s'escrimant en face l'un de l'autre dans cette danse slave, à caractère oriental, faite de tournoiements et de sauts de carpes, aux accords extraordinaires d'un violon, il y a un autre café grec bondé de consommateurs. Là, une femme, une virago, chante, d'une voix éraillée, une rengaine grecque à côté d'une autre femme, aussi masculine de formes, qui paraît sa sœur. Ce sont ces deux créatures vieilles et miséreuses, avec leurs loques décolorées, qui ont amené la foule : les Vénus du jour et du lieu fêtées en souvenir de l'autre. Plus loin, un mulâtre débraillé gesticule, un bâton à la main, devant des tableaux pendus autour d'une porte et représentant des animaux *vivants*, — le mot est écrit en trois langues au-dessus des phénomènes — une sorte de hyène, une chèvre armée de sabots longs de trois pieds et un porc-épic.

A cet endroit je pénètre sous une voûte et je croise un orgue de barbarie porté par un jeune nègre, tandis qu'un comparse tourne la manivelle avec furie, tout en marchant et en bousculant la foule. C'est le gagne-pain de cent mille Grecs d'Orient qui vont, de café en café, offrir la danse nationale, motif obligatoire des orgies du peuple.

Le long des murs, ce sont des rangées de femmes simplement assises qui regardent, en buvant, à deux, un café de trois centimes dans une tasse minuscule ; les Turques sont groupées ensemble, cachant leur visage. Au milieu de la foule des citadins aux costumes européens, pauvres ou riches, on voit beaucoup de paysans venus de loin, costumés de neuf, et des paysannes en leur vêtement national. Ici c'est une femme forte, au teint rouge, aux cheveux couleur de filasse, la tête prise dans un mouchoir bleu surmonté d'un autre mouchoir brodé sur les bords et attaché sous le menton. Sa veste, de velours bleu zigzagué d'ornements dorés, est ouverte en large carré sur la poitrine, et, de cette ouverture, sort le déballage de la gorge, crevant une mince étoffe blanche. Sa taille semble dans le dos, et il en tombe une épaisse robe rouge à fleurs. Son cou est orné de colliers de pièces de monnaie dorées, à la mode arabe. Elle marche à côté d'un grand gaillard aux moustaches blondes, son haut fez rouge cerise appliqué sur le côté de la tête et recouvert d'un mouchoir blanc à franges d'or dont la pointe flotte du côté du visage. Il a une fleur sur l'oreille, — comble de l'élégance locale et du dandysme chypriote. Sur une chemise à grandes manches, s'applique un gilet ouvert de couleur rouge écarlate derrière, vert pomme, orné de fleurs, devant. Une grande ceinture jaune foncé, à ramage, ceint sa taille et descend jusqu'à mi-jambes sur un large pantalon à la turque qui, s'arrêtant au-dessus des genoux, continue, entre les jambes, jusqu'à terre. Cette disposition nationale du pantalon est un autre titre à l'élégance. Comme la femme et tous les paysans, il est chaussé de grandes bottes. S'il eût été citadin, il eût eu une paire d'escarpins, des bas roses, rouges ou bleus, bien tendus par des jarretières colorées placées au-dessus du genou. Ce costume du pays, celui des Grecs aussi bien que des Turcs élégants,

— sauf une restriction pour les bottes, — ne manque point de grâce et fait, de loin, un effet panoramique superbe ; mais le mouchoir planté au sommet du fez gâte entièrement l'ensemble.

Il y a des Grecs et des Turcs. Beaucoup portent des fleurs sur l'oreille, dans les cheveux ou sortant du fez, sur le front, et on les voit parfois — mode turque — marcher deux par deux en se tenant l'extrémité des doigts.

Je débouche sur la seconde partie de la fête, de beaucoup la plus populeuse. Dans un coup d'œil d'ensemble, jeté par-dessus le mouvement de la foule, on peut s'apercevoir que le bleu domine dans les costumes. C'est la couleur favorite de l'Orient, — celle de son ciel si pur. A terre, dans la poussière, à droite et à gauche, ce sont des lignes de marchands de citrons, d'arachides, de raisins secs et de noisettes, mêlés à des Juifs débitant des étoffes, des cordes ou de vieilles ferrailles. Ici, il y a des objets de ménage, des quincailleries ; là, des draperies, des étoffes de soie de Nicosie et des légumes secs. Plus loin, des *restaurateurs*, le petit fourneau arabe à terre, font cuire des beignets, du foie, de la viande, à une huile de sésame ou d'arachide dont les fumées âcres et empoisonnantes forment, avec l'odeur de la poussière et des bêtes, un indescriptible bouquet. Voilà des Juifs qui étalent de la bijouterie indigène, — imitations grossières des travaux filigranés d'Orient ; — des trafiquants avec des antiquités et des pierres gravées qu'ils offrent aux Européens après avoir jeté un regard circulaire autour d'eux, par crainte de la police ; des débitants de *malébi*, — pâte d'amidon fade que l'on saupoudre de sucre ou d'un sirop caramélisé, — et de beignets soufflés de point mauvaise apparence ; des marchands de confiture du pays, du *halva*, au sésame et au miel, d'une sorte de corde noire à nœuds, poisseuse, ressemblant à de la saucisse, qui est simplement du jus de raisin concentré, farci de noix ; puis, vers les limites, des bouchers et autres marchands de victuailles, dont les fourneaux inondent le lieu de la foire de vapeurs infectes. Une femme turque enveloppée de son *féredjé* blanc, vend des objets de cuisine en cuivre ; un prêtre, son chapeau noir cylindrique entouré d'un mouchoir bleu foncé, la robe noire passée au vert sale, offre des confitures dans un grand panier qu'il transporte de gauche à droite, avec un air où se révèle la fièvre du gain ; un Grec a un assortiment de brosses à verres de lampe ; un Arabe, venant de la

Syrie civilisée et française, étire une grande boule de pâte de guimauve toute chaude plantée au bout d'un bâton et qui semble avoir du succès ; enfin partout on voit des débitants de sirops multicolores installés sous de petits arceaux de feuilles de dattier ou roulant leurs boissons louches dans de lourdes carrioles.

Tous les mendiants de l'île semblent s'être donné rendez-vous ici, circulant sous la conduite de petites filles ou de vieilles épouvantables qui me font penser aux histoires de fées de notre enfance. Et, en les regardant, avec leur peau tannée, plissée, racornie, collée sur des os anguleux, avec leurs petits yeux méchants et chassieux, il me semble deviner l'enveloppe de Vénus, descendue un moment sur la terre, travestie en sa plus horrible antithèse, pour voir de près ce qu'est devenu son culte à Chypre. Les *zaptiés*, agents turcs de la police locale, circulent, nonchalants, ayant peu à faire, et passent leur temps à se désaltérer gratis à tous les débits, — le *pot-de-vin* du métier.

Souvent la foule est compacte, resserrée dans les étroits passages laissés libres par les cafés et les marchands. Les couleurs y sont éclatantes : le rouge, le bleu, le vert se mélangent ; le vert est couleur turque ; le bleu et le rouge sont les favorites à Chypre, et je rencontrai même une jeune villageoise qui semblait avoir taillé son corsage dans un drapeau français. On voit des fez hauts et des courts, des blancs et des noirs, d'autres entourés de mouchoirs bleus, blancs, rouges, dorés, argentés ; des corsages sombres et des multicolores ; des gens qui sont comme en bras de chemise et des Arabes en lévite ; des Turcs habillés moitié à l'ottomane, moitié à la franque ; des femmes musulmanes noires comme l'ébène, enveloppées du *feredjé* d'un blanc immaculé ; des femmes grecques de La Scala, en costumes européens mal taillés et mal portés, les cheveux en tresses dans un mouchoir noir à bordure verte ou rouge ; des prêtres grecs qui vendent les produits de leurs jardins et de leurs ouailles ; des paysans, à face plissée et ridée, qui ont l'air de vieilles femmes, et des *zaptiés* chargés de rétablir l'ordre, qui se poussent, créant du tumulte. Voici encore un jeune Grec, une grande carafe sur la hanche ; il débite un liquide rutilant dans un verre qu'il brandit en faisant un bruit d'enfer, et, plus loin, une famille, nombreuse en demoiselles, disparaît sous une diversité d'ombrelles où l'on voit toutes les couleurs de l'arc-en-ciel.

Le long du quai, sur le sable, c'est une file de femmes, assises, cognées les unes contre les autres, qui jacassent. Les fêtes sont, à Chypre, des motifs à nouvelles, des nids d'où sortent, tout plumés, des myriades de *canards* qui, le lendemain, se répandent aux quatre coins de la ville. De cet endroit, la vue s'étend sur le petit débarcadère bondé de monde, en groupes serrés, devant de grandes barques, — chalands à marchandises transformés pour la circonstance ; — et de longues embarcations, dont les hautes voiles pointues, nombreuses, font une autre foule sur la mer bleue, sillonnent la rade, vont, viennent, se vident et se remplissent de nouveau. Ce qui est resté de l'ancienne fête païenne, c'est l'habitude, ce jour-là, d'aller sur l'eau, quand le temps ne s'y oppose pas ; pour les uns, d'y passer de longues heures, par bandes d'amis ou en famille ; pour les autres, d'y effectuer au moins un voyage de circumnavigation devant la ligne des maisons blanches. Tous ceux qui ont vingt *paras*, sept centimes, dans leur poche, partent pour une tournée. Les grandes pataches attendent leur chargement complet ; elles sont pavées de galets, et les voyageurs y ont ainsi, quand même, les pieds sur la plage. Dans l'une d'elle, la plus courue, un grand tambourin, sorte de tam-tam indien se jouant au moyen d'une large baguette sur la peau supérieure et d'une autre, fine, recourbée, sur l'autre, et un fifre font rage sans cesser une minute, sollicitant les amateurs par le bruit, sinon par l'harmonie. C'est plaisir que de voir tous ces gens très calmes, heureux d'une occasion unique dans l'année, se cognant les uns les autres, s'entassant pour accomplir, avec une sorte de religiosité, ce devoir dicté par une légende. Et toutes ces barques, grandes et petites, partent à chaque instant et retournent prendre un nouveau chargement, après leur voyage d'un quart d'heure. Il y a là un remous continu de gens qui montent, descendent et attendent leur tour. On en rencontre même, parmi ces paysans, qui n'ont pas touché la mer encore, qui ne l'avaient jamais vue, et cette fête est alors, pour eux, comme une initiation, un hommage dû aux anciennes croyances des ancêtres.

Mais, en demeurant de longues heures à surveiller la surface de la mer, on pourrait voir une barque, portant un des derniers fanatiques, jeter de l'eau à une autre barque, d'un coup de revers de main à la surface de la mer.

En ville aussi, entre amis, on s'asperge quelquefois encore, ce matin de la Pentecôte ; et, dans les villages éloignés, mais situés cependant dans la région maritime, ceux qu'une raison quelconque a obligés de garder la maison, célèbrent ainsi la date mémorable : à défaut du bain marin, ils se douchent à l'eau douce. Mais ces habitudes se perdent peu à peu, s'oublient et s'effacent même des mémoires. Il n'y a pas si longtemps, l'eau était employée de même, dans cette circonstance, sous une forme plus mécanique : on se *seringuait* de loin, et cet usage, que la plupart ont aujourd'hui oublié, ne devait pas être sans danger pour la tranquillité publique, étant donnée l'irascibilité naturelle du peuple. C'est ainsi que les vieilles coutumes arrivent à disparaître, en passant par une longue série de transformations qu'influence le milieu des époques qu'elles traversent.

Mais revenons à notre tableau. En face du pont, un peu à gauche sur le quai, on voit une chose étonnante : un manège de méchants chevaux de bois très bas, que de grands gaillards en bottes montent très sérieusement. Mais ici le moteur change : la vapeur ou le cheval capuchonné sont remplacés par de petits gamins, pieds nus, qui poussent furieusement. La course circulaire de ces affreux petits chevaux immobiles sur leurs axes me reporte à l'époque lointaine où avait lieu, à cet endroit même peut-être, la course à la plus belle des Caramans et des étrangers attirés des îles par les mystérieuses cérémonies du culte de Vénus; tandis que les platoniques promenades en mer me font penser aux myriades de vierges baigneuses qui s'ébattaient sur le sable, avant d'aller adresser, à Astarté-Aphrodite, leurs vœux et l'expression de leurs désirs ardents....

En face du débarcadère, le quai est envahi par une légion de femmes, une traînée de vieilles Grecques et de vieilles Turques. Ces dernières forment des essaims, au pied des murs du fort, au bord de la mer, et, dans ce plein soleil d'été, chaud comme un soleil d'Arabie, tous les petits dômes multicolores de leurs ombrelles éclatantes, s'agitant au-dessus d'un lit de linge immaculé sous lequel on ne distingue pas de formes, font un curieux contraste, quelque chose comme un extraordinaire parterre de fleurs sur un champ de neige. Elles sont là pour toute la journée, ces grandes enfants que la clarté apeure, qu'un peu de soleil réjouit, accroupies par terre, immobiles, contentes de voir sans remuer, sans être vues, babillant doucement entre elles, en mâchant, sous leurs voiles, des graines de courge, des pois chiches grillés ou des arachides rôties; et nul être au monde ne saurait être, à ce moment, plus heureux.

Dans les rues avoisinantes, la foule est aussi très compacte, les marchands nombreux, et on y voit bien la pauvreté de tous ces gens venus de loin, sur leurs bêtes, pour assister à la fête, mais non pour acheter. Au milieu, dépassant toutes les têtes, un grand nègre à la forte corpulence, au nez écrasé, aux lèvres épaisses et proéminentes, marche lentement, le visage triste, et représente, là, l'ancien élément esclave disparu depuis peu de l'île. Dans le tumulte, on entend toujours le bruit profond du tam-tam, le son aigu du fifre primitif. Errant tout le long des deux journées de fête, au milieu de ces populations pauvres, heureuses un jour cependant, tandis que je humais les vapeurs âcres des huiles fortes mêlées aux poussières soulevées, mon regard se porta souvent à la surface de la mer, entre les sillons blancs des barques, comme si j'avais dû en voir surgir Aphrodite, les cheveux collant aux épaules, courroucée de cette foire en souvenir d'elle où les descendants des anciens et fiers Grecs ne savaient plus, sur la plage jaune, que remuer les poussières blanches du sol, aspirer l'odeur malsaine des fritures, boire des liquides impurs et tourner sur d'horribles chevaux de bois.

Et puis, pensais-je, par quel anachronisme la légende a-t-elle donné Chypre pour pays d'élection à la déesse de la beauté, de la grâce et de l'amour ? Tout autour de moi, dans cette foule venue des quatre coins de l'île, j'ai peine à trouver une seule figure agréable : ce sont des femmes bronzées, aux yeux sans expression, aux poitrines avortées, aux cheveux en filasse, sans taille, sans grâce, sans attrait, vieilles avant l'âge, dépourvues de toutes les qualités physiques et morales qui ont fait de la femme la déesse omnipotente de tous les siècles. Chez les hommes, le type à moustaches blondes est assez fréquent, de même que celui à cheveux roux chez leurs compagnes. Les premiers, cependant, avec un certain air de fierté des palikares grecs, sont plus typiques que les secondes, mais n'ont point très prononcés, en général, les caractères de la race hellénique. Et, pendant que je circulais, coudoyant cette population malpropre en bottes, je me demandais d'où sont venus les types adoptés des légendes mythologiques et quel a été, dans le lointain des siècles, le point originel de cette pléiade de dieux et de déesses, chacun avec sa vie matérielle et immatérielle, ses vertus et ses défauts, conceptions gracieuses, poétiques, monstrueuses ou terribles qui ont dominé le génie d'un grand peuple ? Dans quel âge d'or, dont le matérialisme de notre siècle nous permet difficilement de concevoir le milieu, a été enfantée cette troublante personnification symbolique de Vénus, grande dispensatrice du plus fort, du plus impérieux des sentiments humains ?

.... Au coin d'un magasin, une grande tente, mieux installée que les autres, plus neuve et plus vaste, est un centre d'attraction. Par les interstices des panneaux mal joints, du côté de la rue, et à l'ouverture faite par un pan de toile relevée, le nombre des curieux est grand, allongeant avidement le cou, se pressant les uns contre les autres. Ce sont des hommes surtout, et ce qui excite à ce point leur curiosité doit être une femme. Non : c'est une enfant, une malheureuse petite fille de treize ans, vêtue en ballerine, le cou nu, montrant l'ombre légère de sa petite poitrine d'ange, le front caché derrière un nuage de blonds cheveux, les yeux noirs et déjà mutins. Dans le dos, et tombant de la taille, elle a de bizarres ornements : de petits balais à montures de fer-blanc. Elle est montée sur des tréteaux et, devant deux musiciens et un grand gaillard de Grec qui n'est certainement pas son père, — peut-être son cornac, — elle chante, allant et venant, à l'aise sur la planche comme une déjà vieille actrice, arrondissant ses bras potelés, secouant ses hanches d'enfant mignarde et excitante avec affectation, elle chante des chansons turques grivoises. C'est une Arménienne. Le café est plein, plein d'hommes, le *narghilé* aux lèvres, les yeux avides, hypnotisés par la vue de la petite sirène. Et moi je murmure en passant : « Pauvre enfant ! » Pourtant c'est bien Vénus encore, Vénus en herbe de la rue et de la débauche !... Je m'éloignai tristement, tandis que trois jeunes filles, des Chypriotes avancées, vertes des pieds à la tête, passaient près de moi me donnant l'illusion d'un champ de verdure, d'un plant d'épinards en mouvement.

Le soir, la cohue devient serrée. D'un bout à l'autre de la fête c'est un entassement humain ; on se pousse et on avance lentement, presque dans l'ombre, — l'éclairage n'ayant pas été augmenté autrement que par les lanternes fumeuses, les lumignons étiques des cafés et des boutiques. Il y a même quelque étonnement à voir cette foule de gens rudes circuler aussi placidement, malgré la boisson et les instincts violents de la race. La nuit est délicieuse, d'une clarté de nuit tropicale ; il vient, du large, une petite brise, un zéphyr humide et frais qui s'étend sur la ville comme un voile subtil. Tout Larnaca et La Scala, grands et petits, pauvres et riches, Grecs et Turcs, sont là. Les bourgeois, la plupart fils de paysans ou restes méconnaissables d'Européens débarqués par le destin à Chypre, Arabes devenus Français, Italiens transformés en Grecs, Asiatiques briguant une nationalité européenne, tous de mœurs et d'idées étranges, parlant le patois local, haïssant l'étranger, ne se ménageant même pas entre eux, les bourgeois, par groupes de familles et d'amis, vont s'installer au bord de l'eau, aux cafés ou à l'unique pâtisserie ; et l'on mange des gâteaux grecs, lourds, sentant la cannelle à plein nez, du *pandespan*, c'est-à-dire du « pain d'Espagne », on boit et on pose les prolégomènes des mille histoires méchantes qui feront demain le tour de la ville. Les plus braves vont en barque ; ils sont peu nombreux. De celles-ci, quelques-unes, armées d'un fanal rouge, circulent silencieusement dans la rade. De loin en loin, cependant, on entend un chant dont la brise apporte les notes hautes. Sous ce rapport, Chypre n'est pas en Orient ; les chœurs, avec guitare ou mandoline, qui occupent une bonne partie des heures oisives des jeunes gens dans les grandes comme dans les petites villes, sont choses inconnues ici. La musique est un art, et les arts sont morts sur ces rivages abandonnés. Aussi les poétiques émanations d'une belle soirée, sous un dôme magnifique d'étoiles, n'y soulèvent aucun enthousiasme.

... Lentement la foule s'écoule ; à une heure du matin, il ne reste plus, dans les cafés, que quelques buveurs entourant les enragés de la danse, et, sur les quais, des promeneurs retardataires. Le lendemain la fête se continue encore jusque dans la soirée ; puis les gens de mêmes villages se réunissent, reforment leurs caravanes et partent pour la plaine ou la montagne.

Larnaca, (Chypre), Octobre 1892.

TABLE DES MATIÈRES

	Pages.
Au Harem.	1
Devant Aden.	39
Dans le bois de Gaza	55
Le loup bleu	69
Pagode Chinoise.	109
Tunis au moment de l'occupation	119
Une arrestation manquée.	145
A la morgue	163
Le Barbier.	187
Rêve	201
Prescience.	219
Pauvre Siva	241
Croquis de bord	265
Un duel mystérieux.	279
Une quarantaine à Alexandrie	317
La fête de Vénus à Chypre.	349

Vannes. — Imprimerie LAFOLYE.

www.ingramcontent.com/pod-product-compliance
Lightning Source LLC
Chambersburg PA
CBHW070443170426
43201CB00010B/1195